愛盲

——小杉あさと静岡県の盲教育

郎

静新新書
046

まえがき

静岡市駿河区曲金にある、静岡県立静岡視覚特別支援学校の正門をくぐり、左手に折れると、小高い小さな丘がある。「希望の丘」とよばれるこの丘の小道を道なりに進むと、台座を入れても一五〇センチほどの高さの、少し小ぶりの女性の胸像がある。校舎を見守るように建っている胸像の、その人の名は小杉あさである。

小杉あさは、満一九歳の誕生日に失明し、静岡県初の盲学校で、県初の障害児学校でもあった初期の東海訓盲院（静岡視覚特別支援学校の前身）に入学して幾多の困難を乗り越え、盲聾教育の充実のために尽力し、退職後の戦後は、盲人福祉向上のために献身的に活動した人物である。あさは非常に優れた按摩・マッサージ師、鍼師、灸師でもあり、その優れた技能と盲聾教育への真摯な態度、品格の高さによって、赤池濃静岡県知事や星菊太静岡師範学校長、斎藤実朝鮮総督（のち総理大臣）、ジャーナリスト徳富蘇峰など多くの支持者、支援者を得た。彼ら支援者の助力が困難を乗り越える力となった。

小杉あさの生涯は、静岡県の盲（聾）児者の教育史、福祉史そのものであるといっても過言ではない。しかし、障害児教育や福祉に携わる人たちの中でさえ、このあさを知る人は少ない。

小著は、小杉あさの足跡をたどりながら、静岡の盲教育史について考察することを狙いとする。

また、小杉あさとの関係においても重要と思われる静岡県盲教育史の三テーマを補論として付した。合わせて参照していただければ幸いである。

表記については、「盲人」は視覚障害者、「聾唖者」は聴覚障害者とすべきであるが、小著の性格上歴史叙述が多いため、当時の用語を基本的には使用している。また、現行の法律(「あん摩マッサージ指圧師、はり師、きゅう師等に関する法律」)により、正式には按摩は「あん摩」、鍼師は「はり師」等と表記されるが、上記と同様の理由と繁雑さを避けるため漢字を使用し、「按摩マッサージ指圧師」も「マッサージ師」等簡略化して表記している。さらに資(史)料中には、現在から見て不適切と思われる表現が出てくる箇所もあるが、この点も御容赦願いたい。

小著の叙述の責任はすべて足立にあるが、小著は、元静岡県立浜松視覚特別支援学校長伊藤友治先生と足立の共同調査、研究によるものである。視覚特別支援教育を担う者として、また歴史を学ぶ者として、小著が、小杉あさのみならず視覚障害児者への理解を広げる一助となれば、私たちにとって望外の幸せである。

足立洋一郎

目次

プロローグ

東洋医学は哲学

「西欧医学は科学、でも東洋医学は哲学ですよ」

こう話してくれたのは、筆者が勤務する視覚特別支援学校の同僚で、按摩・マッサージ、鍼、灸を三〇年近く指導しているベテランのS先生だ。S先生は「東洋医学では、人間を自然と見ているんです」とも付け加えた。

東洋医学とは、生薬である漢方薬や按摩、鍼、灸のことをいうが、歴史は古く、中国では紀元前にさかのぼる。二千年を経て、現在も行われているこの医学の有用性は歴史が証明している。人間が本来持っている自分の体を正常に保とうとする力、恒常性を刺戟する東洋医学の方法は、自然の中の一生物である人間の治療法として理にかなっているといえるだろう。

現代の日本においても、按摩・マッサージ、鍼、灸の治療を受けている人は多い。肩がはって頭が痛い時、肩をもんで血行をよくしてもらうと随分楽になる、体全体を揉みほぐしてもらうと疲れがとれ、気分もすっきりする。また近年では、按摩・マッサージ、鍼、灸はさまざまな病気に対する治療のひとつとして、治療院だけでなく、一般の病院でも利用されている。

東洋医学は、しばしば伝統的な民間療法のように思われがちだが、決してそうではなく、対症療法に陥りがちな西欧医学に対して包括的に身体を診ていくもので、医学の重要な一分野として再び認識されつつある。

近代の按摩、鍼、灸

日本において按摩、鍼、灸が医療技術として発展、盲人の職業として確立したのは江戸時代であった。鍼治療の見事な腕前に、五代将軍綱吉から「褒美として何がほしいか」と聞かれて、「目がほしい」と答え、「本所一つ目」(現東京都墨田区本所)を与えられたというエピソードで知られる杉山和一は、杉山流の鍼・按摩術を大成した人物である。

しかし、明治維新以降、西欧医学が導入されると、医学としての按摩、鍼、灸の存在は影を潜め、伝統的な技術が親方から弟子に伝えられる盲人の徒弟制度の中で、細々と命脈を保つようなものになっていった。富国強兵をスローガンに掲げる明治政府は、政府主導の産業育成とともに、教育の近代化も図り、国民皆学を目指した。しかし「皆学」の中には盲・聾・肢体不自由・知的障害などの障害児は含まれていなかった。全国各地に小学校が設立されても障害がある彼らの行き場はなかった。その後、状況を憂いた開明的な官僚、キリスト教などの宗教家、慈善家など盲人や聾唖者の自立が必要と考える人々によって学校がつくられ、盲聾教育は少しずつではあるが進展を見せていった。当時、盲学校においても小学校と同じ内容の教育が行われていたが、同時に、按摩、鍼、灸が職業教育として指導された。ただ、ここでの指導は、親方から技術のみを学ぶという、それまでのものとは全く違っていた。生徒は解剖学や生理学、病理学などの西欧医学を合わせて学び、より幅広く質の高い知識が求められた。

その意味では現在にいたる近代的な按摩、鍼、灸の担い手を育ててきたのは、主に盲学校であったといえるだろう。しかし、全国各地、どの盲学校もその歩みは平たんではなかった。何もないところに有志が学校を作ったとしても教材もなく、教師となる人材も乏しく、設備投資には資金がかかる。行政の補助があったとしても、学校を維持していくのは困難の極みだった。

現在の視覚特別支援教育

特別支援教育という言葉を、最近よく耳にする。以前は特殊教育といわれていたが、名称だけでなく、考え方も変わった。障害があろうとなかろうとすべての人が互いに尊重し合える社会が目指され、障害がある児童生徒に対しては、たとえば点字表示や音声表示を多くしバリアフリーの状態にするなど「合理的配慮」をすることにより自分を目いっぱい発揮できるように支援する教育が行われるようになった。現在、特別支援教育は五つの学校種で行われている。知的障害、肢体不自由、病虚弱、それぞれの障害に対応した特別支援学校のほか、聴覚障害がある児童生徒のための聴覚特別支援学校（以前の聾学校）、視覚障害がある児童生徒のための視覚特別支援学校（盲学校）がある。

視覚特別支援学校には、さまざまな年齢の児童生徒がいる。学校により多少の違いはあるが、学校には幼小学部、中学部、高等部普通科、高等部保健理療科、高等部専攻科が置かれている。幼小学部から高等部普通科までは、幼稚園から高等学校までの教育課程に対応する内容の学習が行われている。普通校と一つ違うところは「自立活動」の時間があることで、この時間には、点字や拡大読書器、白杖など、それぞれの児童生徒の見え方の状態に応じた学習がなされている。専攻科には按摩・マッサージ師、鍼師、灸師を目指す生徒が学ぶ。在学年数は三年、三年目の二月に年に一度だけの国家試験がある。この試験にパスしないと資格が取れないので生徒は必死である。

さて、視覚特別学校には、視覚障害に対応した様々な設備がある。点字表示や点字ブロックだけでなく、弱視児のための拡大読書器や拡大教科書、拡大図書、遠くを見るレンズや近くを見るルーペなどが揃っている。また、全盲の人のためには点字教科書、点字タイプライターのほか音声パソコン、音声時計など音声を活用した便利な電子機器もたくさんある。特に音声パソコンは文書を読み上げ、マウスを使わずキーボードだけで操作できるので、全盲の人がパソコンを自由に操作できるようになった画期的な機器だ。

このように視覚特別支援学校には様々な施設、設備があるが、生徒の中には職半ばにして視力が衰えたり失明したりした人もおり、年齢もケースも多様な児童生徒のニーズがある中、これで十分というわけではない。しかし、明治時代、先人が何もないところから盲教育をはじめた頃のことを考えれば、これはもう、隔世の感がある。

小杉あさと静岡県の盲教育

これから小杉あさの物語をはじめる。

あさは、草創期の盲学校、東海訓盲院の生徒となり、卒業後は教師として学校を支え、最後には県立静岡盲学校を開校に導いた。何もないところから、現在の充実した視覚特別支援教育に至る基礎を築いた人物である。

あさが教師として活躍した戦前の日本は、障害者にとってやさしい時代ではなかった。どの時代もそうだが、弱者はいつも後回しにされる。近代日本は、欧米列強の植民地化を避け不平等条約を改正し、アジアに抜きんでた「一等国」になるために、強引な資本主義化と富国強兵を行った。日清・日露戦争に勝利し、第1次世界大戦の大戦景気にわき、昭和恐慌以後は中国大陸で先の見えない戦争状態に陥った。この近代日本の歴史は、世界史の中で見れば「奇跡的」という見方もできるが、見方を変えれば戦争と膨張の時代だったともいえる。その中では、良兵となりうる国民こそが大事で、盲人など障害者は後回しにされた。大正デモクラシーの風潮の中で「盲学校及聾唖学校令」が出されたが、当初は画餅に等しいものだった。

制度的な支援もない苦しい状況の中で、あさが行ったのは自らを律し、無給に甘んじ、生徒の教育に専心すること、そして家族はもとより政府高官までも含め幅広い支援の輪を広げることであった。

ここで述べるあさと静岡県の盲教育の物語は、ひとつの事例にすぎないかもしれない。しかし、あさの生涯をより深く知るにつけ、今に至るまでの盲教育の歴史は、多かれ少なかれ、こうした個人の祈りにも似た熱い想いと、それを支える多くの人々によって成されたものではなかったかという気持ちがこみ上げてくるのである。

在りし日の小杉あさ

一　少女時代

1　竜池村高薗と小杉家

竜池村高薗

小杉あさは、静岡県豊田郡高薗村（現 浜松市浜北区高薗）に、一八八一年（明治一四）四月二九日、父小杉吉平、母やすの三女として生まれた。その日、産湯をつかって、たらいからあげられると、ちょうど日の出時で、「ああ良い朝だ」という両親の感慨をこめて「あさ」と名付けられたという（『六枚の肖像画』、以下『肖像画』）。吉平夫妻には四人の子がおり、長男安平のほかはいずれも女子で、あさは末っ子であった。

あさが生まれた高薗地区は、旧浜北市域にある。天竜川西岸の氾濫原にあり、対岸は磐田市、南北でいえば、東名高速道路と第二東名のほぼ中間点にある。

江戸時代の高薗村は、現磐田市に代官所を構えた中泉代官が支配する天領であった。村の石高は、一七世紀末に作成された「元禄郷帳」では高一八八石余、一九世紀中頃の「天保郷帳」で高三七〇石余であった。二〇〇年弱の間に石高がほぼ倍増したことになる。享保四年（一七一九）の「国領組諸色覚帳」によれば、高三三三石、家数は六九戸（うち水呑百姓は五戸）、村の人数は四九七人、馬一五頭、船四艘であった。高薗村は明治維新後、一八八九年（明治二二）の町村制施行により他の六か村とともに合併し、竜池村の一区となった。

竜池村の産業は、「竜池村誌」によれば、農業が中心であった。三七七戸のうち三〇〇戸が農家で従事者は七四〇人。竜池村の総面積は三四一町五反（約三四〇ヘクタール）、田地が畑地よりも少なかったが、天竜川の氾濫により水防、水利が困難で安定的な米作が行えなかったためだろう。

一九一三年（大正二）頃の竜池村の農産物は、米、大麦、小麦、煙草、ヘチマ、蚕業、大豆、小豆、落花生、甘藷などであった。米作に頼らないさまざまな商品作物が栽培されていた。このうち養蚕業はよく発達していて、ほとんどの農家が蚕を飼育していた。このほか養豚、養鶏も盛んだった。

竜池村には、村の有志により一八九九年に設立された朝日銀行や、一九一〇年創立の株式会社竜池製糸があった。

その他、「膳製造業」が五戸あった。代々神棚や神器を製造していたあさの家は、この五戸のうちの一戸であったと思われる。

あさが通った小学校は、竜池尋常小学校であり、現在の浜松市立北浜東小学校である。

現在の旧竜池村域は、田園風景は残っておらず小杉あさの生家近郊は閑静な住宅街となっている。あさが生まれ、幼少期を過ごした竜池村は小さな自治体であったが、そこには役場や小学校、神社、寺院があり、天竜川の氾濫に苦しみながらも農業が営まれ、銀行や工場が立つ商工業も盛んな地域であった。

父小杉吉平

小杉家については、資料は多くないが、父吉平は、七、八人の人を雇って神棚や神器の製造元を営んでおり、経済的には裕福であった。

浜松市浜北区にある岩水寺には、「小杉吉平之碑」という石碑がある。岩水寺正面を右手に進むと池があり、その池にかかる赤い橋の傍に立つひときわ大きな石碑だ。「小杉吉平之碑」と大きく書かれたその左下には「正三位勲一等　岡田良平」の文字が見え、その裏面には文言が刻まれている。

この碑は一九二五年（大正一四）に建てられたもので、撰文者は鈴木民平と袴田善次郎、以下二六人が列挙されている。鈴木や袴田らは、文面から考えて吉平の弟子か、あるいは親しくしていた人たちだろう。題字を記した岡田良平は、文部大臣や京都帝国大学総長などを務めた静岡県掛川出身の文部官僚である。一九二五年当時は文部大臣であった。岡田はまた、静岡県を中心に展開した近代報徳運動の指導者で大日本報徳社の社長を務めた岡田良一郎の子であり、父の死後、大日本報徳社の社長も務めた人物だ。吉平が岡田良平とどのような関係があったのかは定かではないが、これはむしろ当時中央政界に人脈があったあさとの関係からかもしれない。

後に詳しく述べるが、当時あさは、入江為守東宮侍従長から和歌を贈られたり、朝鮮総督斎藤実の治療を行ったりするなど、中央政界とのつながりがあった。あさが教師を務めた東海訓盲院が掛川にあったため、岡田が引き受けたのではないかと推測される。

碑文だが、長年の風雨により削られている箇所も多く、たいへん読みにくい。幸い静岡県立浜名高等学校史学部の翻刻があるので、それを紹介したい。

小杉吉平翁波弘化二年十二月四日浜名郡北浜村道本中村家　生る資性快活　毅に志○雅量あり幼時同郡竜池村高薗小杉染五郎能養嗣子と奈り年十五本家小杉仁右衛門尓就○渋器木地膳製造業を学ぶ　来刻昔励持六十余年家産を増殖し従弟○教養十又村会議員檀徒総代等挙計○○村里に尽を○功労出奈からず大正十三年七月三十一日没す享年八十実に寿徳を全人を志人○謂ふ○○翁やす乎小枚氏を娶○一男三女を挙げ長男安平家を承り吉等徒第其徳を慕ひ措久○波相謀里碑を建以○謝思の徹意を表寸と尓云

風損により読めない文字も多く、正確にはわからないが、大要は次のようだろう。

小杉吉平翁は、弘化二年（一八四六）一二月四日、浜名郡北浜村道本の中村家に生まれた。生まれながらに快活でおおらかな性格であった。幼くして竜池村高薗の小杉染五郎の養子となり、一五歳で本家の小杉仁右衛門について什物や木地塗りの膳の製造法を学んだ。六〇余年この業に精励し財をなし徒弟を育てた。村会議員や檀徒総代などを務め村のために尽力し功労大であった。大正一三年七月三一日に没した。享年八〇、寿徳の人であった。小枚やすを娶り、一男三女をもうけ、長男安平が後を継いだ。徒弟らが、その徳を慕い、建碑して謝意を表す。

ここに、家業に励み、村や家族のために尽くした、地域の一名望家の姿を見ることができる。あさは、こうした父のもと、家族や家に出入りする徒弟たち、にぎやかな多くの人々に囲まれながら、恵まれた環境の中で幸せな幼少期を過ごした。

2　失明へ

竜池尋常小学校への入学

神棚や神器を製造する商売をしていたあさの家は裕福であり、両親が終生あさへの愛情を持ち続けたことから、あさは子ども時代を両親や兄、姉たちの愛情のもと健やかに成長しただろうと想像される。もし、病気や失明ということがなかったなら当時の多くの女性と同様に、いずれかに嫁ぎ、良妻賢母として、歴史に取り立てて名を残すこともなく、穏やかに一生を終えたのではないだろうか。しかし、あさは、平穏な人生を送ることができなかった。

あさの孫にあたる静岡市葵区音羽町の小杉茂夫氏のお宅には、斎藤実夫人春子の貴重な書簡などとともに、あさの卒業証書や様々な辞令なども保管されているが、そこに竜池尋常小学校の卒業証書もある。「尋常小学科ノ卒業ヲ証ス」と記された証書の日付は、一八九二年(明治二五)三月二九日で、あさは満一〇歳であった。当時の小学校の就学年限は四年であったので、あさの入学は満七歳になる年の四月、つまり一八八八年(明治二一)四月であったのだろう。

「竜池尋常高等小学校沿革誌」によれば、一八七五年七月、高薗・善地・上善地・新野・新堀・八幡の六か村が連合して上善地村に初めて小学校が設立された。生徒が増加し手狭になったため、八五年三月に新校堂が善地村字新辻に建設され、移転した。さらに永島村に設置されていた永島学校が一八八六年四月合併し、八九年四月一日の町村制施行により、竜池尋常小学校と改称された。あさが入学した時は、まだ善地学校と呼ばれていた。

あさが入学した当時は、日本の小学校制度が大きく変わった時期でもあった。森有礼文部大臣による第一次小学校令は、一八八六年四月に公布された。その主な内容は、小学校を就学年限四年の尋常小学校と、同じく四年の高等小学校の二段階とする、就学の学齢は六歳から一四歳まで、尋常小学修了までの四年間を義務教育年限とする、等であった。

しかし、法律が制定されたからといって、すべての学齢児が就学できたわけではなかった。現浜松市浜北区で、高薗より西方に位置する小松にあった小松学校の一八八七年の就学者数のデータが残っている（「小野口尋常高等小学校　元小松学校　沿革誌」）。就学率は五一・五パーセント、全体のおよそ半数、女子の就学率はさらに低く三一・八パーセント、女子一〇人のうち就学できたのは、およそ三人だけとなる。竜池尋常小学校でも状況は同様であったと考えると、ここからもあさが恵まれた環境の中にあったことがわかる。

裁縫学校入学

あさは竜池尋常小学校を四年で卒業すると、笠井村の和裁塾に通った。

当時、裁縫は女子のたしなみとして推奨されていた。一八九三年（明治二六）八月、静岡県知事小松原英太郎は、県下の郡役所、市役所、町村役場に対し、女子の就学率の低さを指摘した上で、「就学女子ノ父兄ヲ勧誘シテ、就学セシムルト同時ニ、女子ノ為ニ其ノ教科ヲ益々実用ニ近切ナラシムルヲ要ス」と、女子の教科内容を実用的なものにすることを求め、「裁縫ハ女子ノ生活ニ於テ最モ必要ナルモノナリ。故ニ、尋常小学校ノ補習科ハ勿論、尋常小学校ノ教科目中ニモ可成裁縫ヲ加フルヲ要ス」と、裁縫を奨励した。

あさが卒業した竜池尋常小学校にも「裁縫科」が設けられた。同校の沿革誌には「明治二十一年頃ヨリ裁縫補習科設置シ来リタレドモ、公然伺ノ上ニ非ラサルヲ以テ、明治二十五年六月二十九日伺済ノ上、公然之ヲ設置スルコト、ナレリ、又、同年同月同日伺ノ上、本校第三学年及第四学年女生徒ニ裁縫科ヲ加へ、同年八月一日時間増加ノ件ヲ許可セラル、明治二十八年二月二十日伺済ノ上、本校ニ補習科ヲ設置セリ」とあり、一八八八年（明治二一）頃には裁縫補習科が設置されたが、公的に設置されたのは一八九二年で、あさの卒業直後であった。あさが竜池尋常小学校の裁縫補習科に進まず、笠井村に行ったのは、同校の裁縫補習科がまだ正式のものになっていなかったことが理由かもしれない。

笠井の裁縫学校に進んだあさは、裁縫の腕を上げていた。一四歳になる頃には、家の職人に盆暮れに渡す着物一切を引き受けたほど上達したという。

眼の病から失明へ

小学校を卒業し、裁縫学校に学んで、幸せな少女時代を送っていたあさの身を不幸が襲ったのは、あさが数え年一四歳（満年齢一三歳）の時であった。麻疹《はしか》から肺炎を併発し、一命はとりとめたものの右眼の視力が衰え始めたのだ。

一九五四年（昭和二九）にあさが厚生大臣表彰を受けた際、静岡県の厚生課職員があさへのインタビューをもとに記した手記が小杉茂夫家に残されている。そこには、あさの病気から、失明にいたるようすが書かれているので紹介する。

……明治二十七年、十四の時、ふとした眼病を患い、その治療中思いもかけぬハシカを、続いて肺炎を併発した。瀕死の愛児の枕元で、父母は夜の目も帯も解かず、みとりする日が続いた。

この父母の愛情によって奇跡的に一命をとりとめた彼女は、数ヶ月の後、やっと床の上に起き上れるまでになったが、視力は半減していた。きっと病気で体が弱っているせいだろう。体力が回復したら……と、期待と、神かけて祈りにもかゝわらず、遂に再び明るい世界は訪れなかった。いつも夕ぐれのような世界に住む彼女の心は暗かった。つい数ヶ月前までの乙女のゆめはむざんに破れ、家の内に引き込み勝ちの日がつゞいた。

父母はこの目の不自由な娘のゆく末を案じ、せめてこの娘が将来自活の道をと、彼女十六の時、近くの医師内藤氏に托して産婆の道を選ばせた。内藤医師の書生となった彼女は、薬局の手伝から家事の手助に、夜は夜で、内藤氏について産婆に必要な医学の勉学に、不自由な目をしばたゝき乍らの血の滲むような苦難の三年の歳月がすぎた。

二十才の春、又しても外傷が因となり、眼球炎を患い、祝福せらるべからし誕生日の四月二十九日、遂に完全失明の宣告を受けるに至った。

視力が弱いとは言へ、淡い奇跡を頼みとし、生涯のたづきの道を産婆に托しての灰色の青春ではあったが、そこにはまだかすか乍らも光があった。本もよめた。それが頼みの綱を切られ、漠々とした暗黒の世界に沈められた二十の乙女にとって、それは死の宣告であった。(「久遠の光―厚生大臣表彰に輝く小杉あさ女史の横顔―」〈県厚生課加藤、鈴木〉)

視力が衰えた一六歳(満一五歳)のあさが助産婦をめざし内弟子として入ったのは、笠井村の内藤医師のところである。小杉家と内藤家は何らかの姻戚関係にあったか、あるいはごく親しい関係にあったと推測される。内藤家には天竜川治水で活躍し、あさが入学した東海訓盲院の支援者の一人となった金原明善もよく出入りしていたようだ。

内藤家に助産婦修行に入ったあさは、昼夜兼行で手伝いや勉学に励んだが、またしても外傷から「眼球炎」を患い、満一九歳の誕生日にとうとう完全に失明した。「眼球炎」とは、おそらく「眼内炎」(「全眼球炎」)のことだろう。「眼内炎」は、眼球にできた傷口や他の病気から眼球内に細菌などが感染し炎症をおこす病気で、視力低下や眼痛などの症状がある。現代であれば手術をし、眼球内を洗浄する治療が行われるが、当時そのような医療技術はなかった。

同じ全盲といっても、先天的な場合も無論深刻でたいへんな苦労を背負うが、中途失明の絶望感はそれを凌ぐといわれる。心を覆う底なしの暗黒は、体験した人でなければ、想像だにし得ない。

前記「久遠の光」は次のように記す。

　彼女の心に死の誘惑が感傷を伴って呼びかけてくるのだった。

その彼女の細い手をにぎって

「あさよ、しぬんぢゃないぞ。生きるんだ。お前にはまだ残された仕事がある。神様の思召があるのだ・・・」

涙をこらえての明るい声で力づけたのは、父吉平氏と母堂であった。彼女は泣いた。父も泣いた。母は声をのんで泣いた。

五月中旬退院した彼女は、初夏の太陽を背中に感じながら宿命を思った。誕生の日の失明・・・。

あさは、このときのことを次のようにも述懐している（『静岡県立静岡盲学校六十年誌』、以下『六十年誌』）。

掛川の東海訓盲院の学生となったのは、数え年二十才であったが、この年、私の誕生日である四月二十九日には全くの盲目となってしまったので、自分は勿論のこと、親兄弟も共々に不思議の念を抱いた。此の気持は今も尚変わらない。五月十日に眼科医院を退院してから一ヶ月程の悲しみと、もだえは今思い出しても身の毛がよだつ、明けても暮れても、しぬ事ばかり心身を労した。家族の心労なども のともしない程の大不幸な幾日かを過した。或る晩、両親は私のあやしげなる気配に打驚き、涙ながらに「死と言う事は断然思い切り，どうか生きると言う明るい心を取り戻してくれ」と、懇々とさとされたので、私は決然としてこれまでの不幸悲惨な気持ちを打ち切り、憤然と生きぬく覚悟を固めた。

四月二九日に失明し、五月一〇日に眼科医院を退院した後、「身の毛がよだつ」苦しみに耐えかねてあさは死を考えた。しかし、それを思い止めさせたのは、「庭の井戸端で水垢離《みずごり》をとって神仏に祈願」したという父吉平と母やすの深い愛情であった。まさに「生き地獄」を体験し、その暗黒から立ち上がったあさは、新たな自らの生を求め、掛川町（現静岡県掛川市）にあった東海訓盲院への入学を決意する。

六月一五日、あさは、両親とおじに送られて、東海訓盲院の門をたたいた。

二　東海訓盲院への入学と学校生活

東海訓盲院

東海訓盲院は、あさが入学する一年半ほど前の一八九八年（明治三一）三月二日に、設立が認可された静岡県初の盲学校（同時に静岡県初の障害児学校）であり、「京都市盲唖院、東京盲唖学校、高田訓矇学校、横浜基督教訓盲院、岐阜聖公会訓盲院、北盲学校（札幌）、函館訓盲院」に続く八番目の盲学校であった。

東海訓盲院の設立者は、静岡県城東郡横須賀村（現掛川市）出身の松井豊吉である。松井は掛川中学校（現静岡県立掛川西高校）卒業後、中途失明し、東京盲唖学校の聴講生となったが、この間治療により右眼の視力が回復できたため、盲学校設立を決意し、掛川中学校の同窓生飯塚仙太郎らを頼り、東海訓盲院を設立した。

一八九八年（明治三一）になると、小笠郡西南郷村南西郷（現掛川市）に教室兼寄宿舎兼団体事務所が設置され、二月には掛川町内の紺屋町広楽寺の一部に教室が置かれた。翌九九年一一月には元米穀取引所建物を購入して新校舎に充てたが、その翌年一九〇〇年一月四日、掛川町に大火があり、類焼は免れたものの、東海訓盲院の建物は警察署に提供された。あさが入学したのは、この大火のわずか数か月後のことだ。

設立したばかりの東海訓盲院は言うに及ばず、全国的に見ても当時の盲学校は学校というのは名ばかりで、現在の視覚特別支援学校とは到底比ぶべくもないお粗末なものであった。唯一官立の東京盲唖学校が盲唖学校のセンターとしての役割を果たしていたくらいで、あさが入学した頃の東海訓盲院は、まだまだ手探り、手作りの状態であった。

入学

一九〇〇年（明治三三）六月一五日、あさは、両親やおじと共にはじめて東海訓盲院を訪れた。二〇日の入学日には、あさのほかに袋井町（現静岡県袋井市）の村松むつなど、多数の入学者があった。

あさが入学した当時の東海訓盲院がどこにあったか、実ははっきりとはしていない。既述のように前年一一月に購入された元米穀取引所は、掛川大火の後警察署として接収された。あさが後年「松井先生は一女生徒に掛川肴町裏通りの極めてささやかな三畳敷の一部屋で、点字を教えはじめたが、その後紺屋町の広楽寺を借り、次は米の取引所の後と言うように、転々とした。私が入学して勉強をはじめた所は寄宿舎であった」（『六十年誌』）と述懐しているところからみると、結局、南西郷の寄宿舎に戻ったものと思われる。

当時の東海訓盲院は、「学校は名ばかりで教室も寝室も同じ部屋であった。四畳間は女子室、六畳二間は男子室他に先生方の一部屋だけ」であったようだ。

生徒数は、あさの回顧によれば、男八人、女五人であった。教師は鍼按科が東京盲唖学校卒業生の佐々木吉太郎、普通科が松井豊吉。職員としては他に事務員三人と賄いの夫婦がいた。あさは、普通科及び技芸科の生徒として入学し、三年間勉学に励んだ。

一九〇〇年一一月、松井豊吉が編集、発行した『東海訓盲院』は、あさを「性柔和にして怜悧、僅か一日にして文字の全体をさとる。蓋《けだ》し空前のこととす。今後健康其勉学を妨けずんば、大に造詣する処あるべし」と評した。

あさは、性格がおだやかであり、点字を一日で解するほどの優秀な生徒であった。入学してまもなく将来を嘱望されるようになっていた。

東海訓盲院の教育

当時、盲人は、東海訓盲院でどのような教育を受けていたのだろうか。一八九八年（明治三一）二月付の「東海訓盲院規則」によりながら、概要を見ていこう。

東海訓盲院の目的（第一条）は「本院ハ盲人ヲ教育シ、自助ノ精神ヲ発揚シ、自立ノ道ヲ得セシメ、音楽及鍼按術ノ技芸教育ヲ授クルモノトス」とあり、盲人の自立性（「自助ノ精神」）を養うことを、その教育の根本においていた。

教科（第二条）については「教科ハ、尋常科及技芸科ノ二トシ、各生徒ヲシテ尋常科ト技芸科中ノ一科若クハ二科ヲ兼修セシムヘク、特ニ尋常科ノ専修若クハ技芸科中某科ノ専修ヲ望ム者ハ之ヲ許ス」とあり、各科の内容（第三条）は「尋常科ハ国語、算術、講談及体操トシ、技芸科ハ音楽、鍼治及按摩」であった。

授業時間（第四条）は「尋常科専修生ハ一日五時、技芸科専修生ハ一日三時、兼学者ハ通シテ六時」であり、修業年限（第五条）は「按摩ヲ専修スル者ハ二年其他ハ三年」であった。入学資格（第十条）は「入学ヲ許ス者ハ、年齢凡ソ八年以上二十五年以下、身体健康ニシテ種痘又ハ天然痘済ノ者ニ限ル」となっていた。二五歳は、通常の学齢をはるかに越える年齢であるが、今まで就学の機会がなかった盲人に広ぐ門戸を開く意図や中途失明者の再教育というねらいがあったと思われる。一九歳のあさが入学できたのも、この規定があったからだ。東海訓盲院の授業料（第十六条）は「生徒ノ授業料ヲ一ケ月金三十銭トス」となっていた。しかし「但貧困ニシテ本文ノ授業料ヲ納ムルコト能ハサル者ハ、詮議ノ上之ヲ減額シ、又ハ全ク免除スルコトアルヘシ」とされ、貧困の場合は免除もありえた。これは訓盲院経営が授業料ではなく、県や郡、町村の補助金や多くの人々の寄付に依拠していたからできたことだ。

休業日（第二十二条）は、次のようになっていた。

毎週日曜日　　大祭日祝日
夏季休業（七月十一日ヨリ九月十日ニ至ル）
冬季休業（十二月二十三日ヨリ翌年一月十日ニ至ル）

尋常科の授業内容

「尋常科課程表」には「国語」「算術」「修身」「講談」「体操」について、第一年から三年までの履修内容が示されている。

それによれば、国語（週六時間）の第一年の内容は「点字、五十音、濁音、次清音等片仮名ノ字形、言語ノ意義、文句ノ聴取及綴方、言語ノ意義及用方、庶物ノ名称」、二年、三年はここからさらに発展した内容で点字の指導がなされた。点字は、視覚障害者にとって情報収集、伝達の必要不可欠な文字であって、これは現在においても変わらない。ただ、当時は点字本も音声による情報機器も無かった。あさが「当時は普通科の方はまア国定教科書でございました。みんな点字に筆記しなければ墨字では勉強出来ませんもンですから、先生がお読み下さいましてそれをみんな点字に筆記します。そしてその日その日に筆記したのを、とじておきましてそしてそれを持って勉強したものです。図画だとかその他の目を要する教科の方はございませんもンですから、で、アノ、割合に地理でも歴史でもそれから国語でも割合進みました」（『静岡盲学校八十年誌』、以下『八十年誌』）と語ったように、生徒は、教師が読んだ声を聴いて、点字で書写し、教科書を作った。そのため点字習得は必須であった。

ここで使用された点字は一八九〇年東京盲唖学校の石川倉次により考案されたもので、あさが一日で全体を理解したと言われているのが、この日本点字だ。

「算術」（週三時間）の第一年の内容は、「計方加算及減算、乗算」であった。二年、三年ではさらに除算、度量衡、応用問題などが加わった。算術では、「盲人用そろばん」が使われた。あさは、次のように回顧している（『八十年誌』）。

……数学の方は盲人用のそろばんのナニがございましてネ、今残っているかも知れませんけれども枠が出来ておりましてネ、その枠の中へあの……なんですかナー　エー印刷に使うアノこう、小さい棒がございましてね、それをはめておきまして五ツ入れて置いて、それをそろばんの替りに致したんでございます。その次には東京で岸高夫先生が発明なすったと云うンで、このそろばんの玉のように一寸扁平形の駒を入れまして、そして落ちないように上へあげたり下へさげたり出来るようにですね。上へ五玉を置きまして下が四ツになっておる、それで数学を教えたんです。それですから代数なんて事になりますと点字の方で致しましたんでございますけれど、点図なんてことがその時分にまだわかりませんもンですから、先生もなかなか苦心なさいますし生徒も苦労だったんです。

「修身」の第一年の内容（週四時間）は「修身及作法ノ話」であり、二年、三年も同様であった。「講談」（週三時間）の第一年の内容は、「方角及道路橋梁等ニ関スル話、地理ニ関スル話」であった。二年、三年の内容は「地理歴史及理科ノ話」となっていた。「講談」という学科名は、今から考えるとやや奇異に感じるが、講談は講談師が張扇をたたきながら語るものなので、おそらく教師が生徒たちに語り伝えたことから、そう呼ばれたのだろう。

尋常科最後の「体操」（週三時間）の第一年の内容は「遊戯」で、二年、三年はこれに「徒手体操」が加わっていた。

技芸科の授業内容

技芸科の「技芸科課程表」を見てみると、技芸科の学科は「音楽」「鍼治」「按摩」であった。「音楽」（週六時間）の第一年の内容は「琴（表組・裏組）、三弦」「風琴（右手練習・左手練習・双手練習・長音階練習）、唱歌（単音）」であった。「三弦」とは三味線のことであり、「風琴」とはアコーディオンのことである。二年になると「胡弓」が加わったり、琴では「中組」が入るなど、学年が進むにつれてそれぞれの内容が高度になった。

「鍼治」（週三時間）の第一年の内容は「浮水法、刺法（第一・第二・第三）、解剖及生理学」であった。二年では「刺法」が第四・第五となり、「鍼治学、病理学」と代わり、三年では「実地練習、内科学」となっている。このうち「浮水法」とは、江戸時代から行われていた鍼の練習方法で、桶のようなものに水を張り、それになすやきゅうりなどを浮かべ、刺す練習の方法であった。

「按摩」（週三時間）の第一年の内容は「揉方、解剖及生理学」で、二年になると「実地練習」が加わった。

こうした技芸科の授業においても点字教科書があったわけではなかった。あさが「三年の間に解剖、技芸科の方では解剖と生理それから病理衛生それから専門的なマッサージ学鍼治学灸治学と、それを皆先生に読んでいただきましてね、一々教科書というものがございませんから読んでいただいてはそれをまア教科書にして、そして勉強したんです」（『八十年誌』）と語ったように、これらの課程でも教師の音読を聴いて点字で筆写し、教科書を作ったのであった。

近代的盲教育

東海訓盲院の教育内容は、松井豊吉らにより伝えられた東京盲唖学校の教育内容を、基本的に取り入れたものであった。従来按摩や鍼治は徒弟制のもと、親方から伝統的な技術のみを伝授されてきた。しかし、東京盲唖学校、そして東海訓盲院では、解剖学や生理学など西洋医学の知見も合わせて学び、按摩や鍼治に医学的根拠を与えた。伝統的な按摩・鍼治伝授から近代的な按摩・鍼治教育への転換であった。

また、自立した生活ができる力を養うことを教育の根本に据え、尋常科（普通科）も重視した。尋常科の内容は、「一般の尋常小学及高等小学の学科を折衷したるもの」であった。

普通科について松井は「従来の按摩者を見慣たる父兄ハ、按摩をさえなせバ其品性も智識も頓着せざるの傾向」があり、生徒にしても技芸科が「直接的現金的」であるのに比べ、普通科は「間接的にして現金的」ではないので、「普通科ハ勢ひそれとはなしに自然に粗忽《そこつ》に付せらるゝの傾向」があると歎いた。

近代医学に基づく近代的な按摩・鍼治教育と、自立を基本とする全人教育、東海訓盲院が目指したのは、こうした近代的盲教育であり、小杉あさは、この草創期の近代的盲教育を学んだのであった。

貧しい環境、豊かな教育

さて、気持ちも新たに新生活を始めたあさは、寄宿舎兼教室という窮屈な環境の中で学習を始めた。環境は貧しかったが、しかし、近代的盲教育の理想に燃えた学校生活はとても充実していた。

小笠郡蘇我村（現掛川市）出身で「驚くべき秀才」と評され、臨時試験を受け二年で普通科を卒業した、あさの先輩石川きくは「校舎も無く寄宿舎で畳の上に坐して、読み書きを致すと云ふ貧弱な窮屈なことには成りましたが内容は全く此れとは違つた華やかな時代で生徒は漸次其数を増加し、豊かな情操教育を授けられまして、古今集や新古今集の点訳を始め名家の美文を写しては出来ぬながらに、それを手本として第一、第三の日曜日は文学会を開き、作文や試作をして先生方の批判を頂きました」と当時を振り返っている（『盲唖の黎明』、以下『黎明』）。

古典の点訳や素読は尋常科の国語の授業で指導されたのだろうか。それをもとに第一、第三日曜日には文学会が開かれ、詩作などが盛んに行われた。教室もなく狭い寄宿舎といえども、生徒たちは深奥な古典の世界に浸り、果てしもなく大きな思索の世界に踊った。貧しい環境とは裏腹に、そこには豊かな教育があった。

あさも作品を残している（『東海訓盲院』）。

郭　公

さやかなる　月やは見えね　ほと、ぎす　なくねをきけは　こ、ろす、しき

郷のたよりをまちて

きのふけふ　待つには長き　思ひ川　ふる五月雨に　なみやましけむ

望　郷

西に行く　汽車のわたちか　と、ろにも　こ、ろのはする　ふるさとのそら

第一首は、夏の夜、はっきりした月は見えないけれど、ほととぎすの声を聞けば涼しくなった気がするというものである。東海訓盲院があった辺りは、現在は掛川市の街中にあるが、当時はほととぎすの鳴き声を聞くこともできたのだろう。

第二首は、「五月雨」とあるので六月の梅雨の時期の作歌であろうか。故郷のたよりを今日か明日かと待ちわびる心の波を、五月雨に静めてほしいと詠んでいる。

第三首も故郷を思う歌である。東海道線掛川駅の近くにあった東海訓盲院では、蒸気機関車のとどろきがよく聞こえたのだろう。西に向かう汽車の音を聞くと、それに乗っていけば着くことができる、ふるさと高薗の空を思い出す。志を抱いて掛川に来たあさではあったが、ことあるごとに楽しかったふるさとに思いをはせるのであった。

第一回卒業証書授与式

一九〇一年(明治三四)元日の元旦祭は、木の香りも新鮮な新校舎で迎えた。新校舎といっても急ごしらえで、寄宿舎から廊下伝いに行けるところに「二間四方の教場が二室」、一間の廊下を隔てて「実地室と女子室」といった手狭なものであったが、今までは寄宿舎兼教室であったので、ともかくも教室ができたことは、あさたちにとっては、小躍りしたいほどの喜びであった。この教場は、その後東海訓盲院が静岡に移転されるまで使用された。

同年四月一日、東海訓盲院の第一回卒業証書授与式が挙行された。卒業証書を授与されたのは、鈴木四郎、村松幸太郎、藤井孫太郎、甲賀万作、紅林しか、菅沼よし、石川きくの七人であった。

明治三十二年二月十日第三種郵便物認可
東海訓盲院季報第十號附録
明治三十四年八月十日印刷
仝年仝月十一日發兌　季報社
第一回卒業生

一九〇一年八月一一日付で「東海訓盲院季報第十号附録第一回卒業生」という写真が残されている。これを見ると、後列に五人の男性、前列に一人の男性と四人の女性が写っている。卒業生は七人なので、おそらく三人は在校生だろう。前列、向かって右から二人目の女性が、あさである。あさにとっても卒業生との記念写真は、青春の一コマとなった。

松井豊吉の退任

東海訓盲院の創立者であさの恩師であった松井豊吉は、第一回卒業証書授与式が終了した直後の一九〇一年（明治三四）四月二一日東海訓盲院を退任し、静岡に転居した。松井が心血を注いで築き上げた東海訓盲院をなぜ去ったのか、理由は不明である。

その前日「松井が訓盲院を引退するに臨みて信仰上の同志は近村藤井家に集り無上有権者愛なる御神に熱心に祈」り、参加した教え子たちは、それぞれ誓約書を作った。あさは次のように記した（『黎明』）。

一　神の如きキリストの如き最も清き善心を以て世のために尽さんことを欲す　小杉あさ子

あさは、恩師松井に感謝しつつ、鍼治や按摩などの学業に精進し、それをもって世のために尽くさんと誓ったのである。

卒業

一九〇三年（明治三六）二月一七日、教育勅語謄本が東海訓盲院に下賜された。教育勅語は一八九〇年に天皇の名により出された、儒教道徳に基づいた教育に関する勅語で、戦前教育の根幹と位置付けられた。その謄本は各学校に配布され、学校においては天皇と皇后の写真である御真影とともに最重要なものであり、その保管は慎重を極めた。

同年三月三〇日、第三回の卒業証書授与式が挙行された。あさは福地継次郎、岡本万太郎、袴田郷左衛門、深津むつとともに卒業した。

あさの卒業証書には「鍼按科卒業候事」と大書され、「教師佐々木吉太郎」「院長鈴木康平」と連署されている。なお、小杉家に残されているあさの履歴（「白杖」）には「普通科及技芸科卒業」とある。あさは普通科も合わせて履修したのだろう。ただ、別のメモ書きには、普通科の卒業は二年前の一九〇一年三月とあり、尋常小学校卒業のあさは、あるいは一年で普通科の課程を修了できたのかもしれない。いずれにせよ、あさはここに入学以来三年の東海訓盲院生徒としての生活に別れを告げた。

また、この卒業式を機に創立以来情熱をもって指導にあたった技芸科教師佐々木吉太郎、卒業後助手となった石川きく、普通科担任の後藤又十も学校を去った。その後技芸科の指導は卒業生の長岡民衛、原田幸太郎、小杉あさが継承した。

三　困難な日々

東海訓盲院助教としての出発

一九〇三年（明治三六）四月一〇日、あさは東海訓盲院より「東海訓盲院助教授ニ任ス」という辞令を受け、母校技芸科の助教となった。卒業後すぐに助教となったのは、あさの優秀さが認められたからだろう。助教として勤めたのは一九〇七年三月までで、東京盲唖学校教員練習科に入学する前までである。

普通科では後藤又十の後任が決まっておらず、一年後の一九〇四年九月にようやく榛葉政吉が着任、技芸科ではあさと同時に、一年先輩の長岡民衛が教員として就任した。しかし長岡は一年で退任し、それを引き継いだ第一期卒業生の原田幸太郎も僅か一年の勤務で一九〇五年三月に離任した。あさが助教として勤めた四年の間、先輩たちは教員として短期間で次々入れ替わっていた。

あさを除く教員の短期間の入れ替わりには、個々の事情もあったろうが、後述するように日露戦争の影響を受け東海訓盲院の経営が逼迫していたことにも起因するものと思われる。

おそらく給料も満足にもらえなかったのではないだろうか。あさは、父の援助を受けながら、かつ按摩の治療を行って、日々の暮らしの糧としていた。しかし、他からの援助を期待できない教師にとっては、ここで教師を続けることは困難な時代であった。

さまざまな生徒の中で

苦しい環境の中、あさは懸命に働いた。生徒は、単一の視覚障害をもつ生徒ばかりではなかった。あさは、次のように述懐している。

私が雇として鈴木院長から頼まれたのが、明治三十六年四月で、岐阜（愛知か）の孤児院から頼まれた九才の盲児、おえいちゃんの世話をはじめとし、精神薄弱児や精神異常児まで入学させて、専ら生徒数の増加をはかり、予算の関係に努力した。これが舎監であり、経験のない私にとって、実にもて余す事件の原因となったことは言うまでもなかった。……舞踏病のある生徒は、食事中にとびはね、天井やかもいに頭を打ちつけ、食台にバタリと落ち、又横はねして、味噌汁湯をひっくりかえし、やけどすると言う大さわぎ等が起った。また友達にかれこれなぶられるのを怖れ、家から鉈《なた》を持ち来り、床の下にしのばせ置く等険悪な場面も事なき先に見つけ出す等、そういう時は、眠れない幾夜もあった。(『六十年誌』)

「おえいちゃん」こと浅岡ゑいは盲児で、私生児として生まれ母に先立たれた孤児であった。七歳のときに東海訓盲院に来たおえいちゃんは、当時まだ生徒であったあさにとてもなついた。あさは、毎夜おえいちゃんを抱いて寝、顔を洗い、鼻をかませ、大小便の世話までした。

東海訓盲院には、知的障害や精神障害の生徒もいた。日本最初の知的障害児教育施設として石井亮一により設立された滝乃川学園の存在は既に知られていたが、指導法などはまだ未開発であった。知的障害児や舞踏病(自分の意志に反して手や足、顔が動いてしまう病気)の生徒などに接したことのなかったあさにとっては、たいへんな苦労であった。

あさは、次のような思い出も語っている(『八十年誌』)。解剖の授業で消化器の粘膜の話をし、硬い物を食べてはいけないと話した翌日、ある生徒がやって来て、あれは嘘だというので、どうしてと尋ねると、自分は石をたくさん飲んだけれどもポトンポトンと出てきて大丈夫だったという。びっくりして寝かせてみると、胃の中ががしゃがしゃ鳴っていて石がある。医者にも診せたが、放っておくしかなく、あさは心配で仕方なかったが、その後出たようで本人はケロッとしていた。この生徒は、次は釘をたくさん飲んだという。まさに「てんて舞い」の毎日であった。

しかし後年あさは「学校で出来の悪かったお子さんは、未だに学校に入った時と同じ気持でよく尋ねて来てくれます。可愛いものですよ」と語っている。苦労が多かっただけに返ってきたものも大きく、教師冥利に尽きるときであったのではないか。

「高き理想と低い生活」

あさが助教となって一年もたたない一九〇四年（明治三七）二月、日露戦争が勃発。翌年九月に終結した日露戦争は、ヨーロッパ列強の一国であるロシア帝国を相手とする戦争であり、一〇年前の日清戦争をはるかに凌ぐ大規模な戦争であった。日本は約三〇万人を動員し、約八万八千人が犠牲となり、約一五万人が負傷した。戦費は当時の金額で約一八億円、この戦費を賄うため、国は多額の外債を募集するとともに、国民に非常特別税を課し、強制に近いかたちで寄付金を集めた。戦争は国を挙げての総力戦であり、東海訓盲院など障害児教育施設への慈善的寄付は望むべくもない状況に陥っていた。

ここで、あさが最も苦心し、その改善に奔走した東海訓盲院の経営面について少し触れておきたい。運営資金はどのように確保され、何に支出されたのか。

日露戦争より四年前、あさが入学した一九〇〇年度の歳入出予算を簡単に紹介すると、歳入額、歳出額はともに九八六円であったが、そのうち歳入額の内訳は次のようであった（『東海訓盲院』）。※（　）は全体に対する割合を示している。

静岡県補助金三〇〇円（三〇・四％）　授業料三六円（三・七％）
有志者寄付金六五〇円（六五・九％）

この後、小笠郡からも補助金を受けることになるが、いずれにせよ、歳入の七割弱が有志の寄付金に頼っていたことがわかる。この寄付金が戦争の影響によって見込めなくなったとき、経営が如何に逼迫したかは想像に難くない。

一方、歳出の内訳は次のようであった。

俸給及諸給五一六円（五二・三％）　雑給二四〇円（二四・三％）
院費一三二円（一三・四％）　修繕費九円（〇・九％）　校舎保険料一九円（一・九％）
病傷手当料三〇円（三・〇％）　学生補助費四〇円（四・一％）

人件費が八割弱で圧倒的に多い。寄付金の減少で歳入が落ち込んだとしても、院費等は基本的に削減できないため、人件費を削減する以外手立てがなかったと思われる。

この状況について、あさは後に『六十年誌』の中で、建物の修繕費もなかったので、屋根は腐ってもそのまま、夕立のときなどは、雨漏りを避けるため熟睡している生徒をあっちへ引きずり、こっちへ引きずり、また、バケツを持ちこんで雨漏りに備えた、というエピソードを語っている。

しかし、このような貧しい環境の中でも学校生活は充実していた。

当時の生徒だった一九〇五年卒業の鈴木宗作は、次のように語っている。

……普通科は榛葉政吉先生一人、鍼按科は小杉先生一人、教務は寄附募集係を兼ね、宮本信三先生一人、寄宿舎のまかないは赤塚忠八氏夫妻だけであったが、給料支払いはなかなか出来なく、小杉先生の如きは食費、小遣いは自弁勤務していた。

小杉先生は授業が終ると直ぐ、参考書を作るために点訳に出かけた。雨降りには、点字盤、かさステッキをもって、神代地川の川べりを危険をおかして通ったものであった。私達はかくの如き実状の母校で就学したのであるから、学浅く狭く技術は全く拙劣であった。しかしながら院長はじめ先生方の教訓に従い、一層斯業の研究と教養に力を注ぎ、「高き理想と低い生活」を実践躬行することの出来るのは無上の幸である。（『六十年誌』）

「低い生活」ではあったが、あさたち教師も、また生徒たちも「高い理想」を求めて、懸命に教え、学んだ。ともに同じ方向を向き、理想を追い求める、あさをとりまく東海訓盲院には「真の教育」があった。

あさは東海訓盲院の教師に就任以来、一九〇七年頃までほぼ無給で働き、この間年末に一〇円を二回給せられただけであった。以後一九一六年（大正五）頃までは寄宿舎の食料費月四円五〇銭を支給された程度で、舎監手当は就任以来なかった。「教えることは教えられること」を信念に、あさは生徒に教えられることに感謝し、無給に甘んじた。

とはいえ、寄付金の大幅な減少による困難な経営状況を打開するために、現場では経営改革が模索されていた。支出を切り詰め、寄付金の募集を確実なところに絞って実収を得ようと試みた。

当時の新聞記事では「掛川訓盲院の改革」と題して、次のような記事を掲載している（『黎明』）。

本県には一千二百余名の盲人あり、内学齢児童約三百名に達し居れるが之れを収容教育すべき学校は唯掛川町に東海訓盲院の一校あるのみにて目下同校の生徒は僅に七名に過ず、之に向つて本県は金三百円小笠郡会は金二百円を補助し以上の外各郡慈善家の寄附金五百円を講ひ受け合計約金一千円を以て同校を支持し居れるも同校は他校と違ひ不自由なる児童を取扱ふことゝて存外の手数と経費とを要すること多し、然るに茲《ここ》に困難の起りたるは同校支持金の重要財源とも言ふべき慈善金の本年三月を以て出金契約満期となりたる事にて加ふるに目下戦時にて諸事緊縮の場合なれば再度の出金契約の覚束《おぼつか》なきこと是なり、去迚切角《さりとてせっかく》設立したる県下唯一の盲人学校を此儘《このまま》閉鎖の運命に終らしむるも悲しむべき事なりとて当局者に於ても目下頻《しき》りに苦心中の由なるが今其改革意見の大要なりと云ふを聞くに、収入の部に於ては県郡補助の外に金二百円の有志寄附を募集して合計六百円となし、支出の部に於ては百九十余円を以て家賃、保険料其他の雑費に充て、三百円を以て教師の俸給（但三人）百八円を以て事務員、小使い各一人の俸給と為す筈の由にて、新寄附金は極めて其額を軽微にし以て実収を多からしむる方針を取るべしと云ふ・・・

しかし、あさたちの懸命な寄付金募集と経費節約の努力も功を奏せず、経営難は相変わらずであった。

東海訓盲院では一九〇六年一月一九日院長の鈴木康平が死去し、その相続人である鈴木信一が四月五日院長に就任、杉山東太郎、平尾平十が後援した。

東京盲唖学校教員練習科入学

一九〇七年（明治四〇）六月、あさは、東京盲唖学校教員練習科に入学した。

あさの入学は、当時の静岡県知事李家隆介の勧めがあったからだが、あさが李家とどのような経緯で知り合い、推薦されたかは不明である。李家は長州出身で、富山県や石川県などの知事も歴任した内務官僚である。東海訓盲院は県下唯一の盲学校として、県知事を含めた参観者を積極的に受け入れていた。また、あさや松井豊吉をはじめとする東海訓盲院関係者もよく県に陳情に出かけていた。こうしたことから県との関わりが深かったことや盲児のために無給で献身するあさの姿に目が止まったのかもしれない。

あさの入学には父吉平らの援助も欠かせなかったと思われる。東海訓盲院で無給で働いていたあさに蓄えはなかったはずで、東京での生活は家族の支えあってのことだっただろう。

あさは、一年間東京盲唖学校で校長小西信八らの薫陶を受け、翌一九〇八年三月二九日同校を卒業した。卒業証書には「右者当校教員練習科中専《もっぱ》ラ盲人ノ教育ニ関スル学科ヲ履修シ其業ヲ卒《お》ヘタリ因テ茲ニ之ヲ証ス」と記されている。

小杉家には、これとは別に同年六月一二日付で文部省よりの辞令が残されている。これには「東京盲唖学校教員練習科卒業生　小杉あさ」に対し「静岡県へ奉職スヘシ」と書かれている。東京盲唖学校は文部省管轄の唯一の官立盲唖学校であったから、その教員練習科卒業生は今でいうなら国家公務員なみの扱いを受けたのだろう。後述するように、あさは一九三五年（昭和一〇）に高等官八等の待遇を得ているが、これもあさの学歴が多少なりとも関係していたと思われる。この六月一二日付で、あさは東海訓盲院訓導（のちの教諭）となった。

続く経営難

あさが東京から帰ってからも、経営状況はなかなか好転しなかった。日露戦争には勝利したものの、そのつけは、戦後なお長く尾をひいていた。

あさが掛川に帰ってきた一九〇八年（明治四一）一〇月、政府は、戊申詔書を出し、国民に勤勉と節約を求めた。この詔書の後、勤勉や節約を精神的柱に、自力更生により疲弊した地域を再興しようとする地方改良運動が展開されるが、こうした状況の中では、寄付金に多くを期待するのは無理であった。日露戦後の東海訓盲院の苦境について、『黎明』は次のように説明した。

霙《みぞれ》まじりの北風が吹きすさぶ明治三十九年二月の始め赤塚忠八が東海訓盲院の寄附金募集に見付町方面に行つた当時のことである。

土地の有力者を訪問したが、明治三十七八年の日露の戦役で三度の食事は二度につめても恤兵部へこそ献金はすれ盲人教育などは全く世人から顧みられなく成った。それから戦後の不景気から世人の同情は日に月に薄らぎ寄宿舎も校舎も処きらはず雨が漏り傘をさして教授すると云ふ始末で、職員も小使も俸給は無し全く行き詰まつた、其後は少数の生徒を二三の教師が教へて僅に命脈を継いで居るに過ぎぬ有様でした。

こうした中、一九〇八年度は八月になっても県や郡から補助の指令がなかった。加えて経営改革をしなければ補助しないという内示まであった。そこで、院長鈴木信一、杉山東太郎、平尾平十の三人が協議し、負債金の七百余円を三人で負担した上、今後一切の責任を普通科教師榛葉政吉に委ねることとした。この決定を内申したことにより、ようやく県費、郡費の補助を受けることができた。一九〇九年鈴木信一は院長を辞し、四月一日より榛葉政吉が院長に就任することになった。

こうして榛葉政吉に引き継がれた後も、必死の経営努力はさらに続いた。一九一二年一月一九日の小笠郡町村長会では、「訓盲院ニ関スル件」として、次のような訓示がされている。

私立東海訓盲院ハ、明治三十一年三月ノ創立ニ係リ、目下教員二名、生徒拾五名ヲ有シ、本年度ノ予算額ハ金八百八拾七円ニシテ、其ノ内金参百円ハ県費ヨリ、金五拾円ハ郡費ヨリ補助ヲ受ケ、残額金五百参拾七円ハ全ク特志者ノ寄附ニ待ツ状況ナルヲ以テ、其ノ財源完カラス、然シテ寄附金募集ニ就テハ、従来募集員ヲ各地ニ派遣シ、各個人ニ就キ其同情ニ訴フルノ方法ナルヲ以テ、寄附金ノ内其ノ半額ハ空シク募集費ニ費消セサルヘカラサルノ状況ナレハ、今後同院ニ於テ寄附金募集ノ際ハ、多大ノ同情ヲ以テ相当便宜ヲ与ヘラレンコトヲ望ム。

東海訓盲院は、一九一二年の時点でも予算のうち六四パーセントを寄付金に頼っており、これが集まらなければ、経営は困難であった。しかも寄付金を集めるための費用もかかり、あさや榛葉政吉が無給で働いても資金不足の状態はさらに続いた。

閉院の危機と星菊太

一九一二年（明治四五）七月三〇日、明治天皇が崩御した。大正天皇の即位式は一九一五年（大正四）に行われ、御大典記念事業が全国各地で実施された。

年号が大正に代わっても東海訓盲院の経営難は相変わらず、いや、むしろ一層悪化しており、即位式が行われた翌年にはとうとう閉院を覚悟しなければならない事態にまで陥っていた。

この年、「文部省の講習会」に参加するために上京したあさは、東京盲唖学校の恩師である小西信八に、東海訓盲院が閉院やむなしの状態に立ち至ったことを話した。話を聞いた小西は、あさに静岡師範学校長の星菊太を紹介した。星は、小西の知人であり、岡山県在任中に「特殊教育」にも尽力した人なので、力になってくれるだろうと考えてのことだった。あさは小西が書いてくれた紹介状を手に、掛川への帰路、静岡で途中下車して星を訪ねた。わらをもすがる思いだった。

星菊太は会津出身の教育者で、一八九五年（明治二八）東京高等師範学校を卒業した。一九〇三年、三重県師範学校長となり、以後東京音楽学校教授、岡山、北海道、長野の各師範学校長を経て、一九一五年九月に静岡師範学校長として静岡に着任した。あさに星を紹介した小西信八は星にとって高等師範学校の先輩にあたる。

あさは、星に日露戦争以来の東海訓盲院の苦しい実情について、切々と話した。星は、あさの言葉に深く心を動かされた。

そこからの星の動きは早かった。あさと会った二日後の四月一七日、静岡市北番町富士青年会館において開催された「第九回教育家実業家懇話会」において、「盲聾唖教育」という題で演説し、東海訓盲院の窮状と救済を強く訴えた。静岡市の教育界、実業界等を代表する次のような人々が参加する懇話会だった。

（教育関係）静岡師範学校長星菊太、同教諭高部勝太郎、同津田信雄
静岡女子師範学校長能勢頼俊、同教頭伊藤源作、静岡精華女学校教頭大木文蔵、静岡英和女学校附属小学校主事和田英橋、静岡中学校長江崎誠、元静岡高等小学校長綾部関
（医療関係）医師井上豊作、同松岡友吉、同庄司勇之助
復明館眼科医院長丸尾晋、静岡病院長柴毅
（産業関係）富士合資会社総支配人原崎源作、金物商大石甚兵衛、
三十五銀行支配人柳原時次郎、同副支配人籠宮市太郎、静岡郵便局長福田助三郎、清水港回漕店主天野九右衛門、静岡県再製茶業組合事務長白鳥健治、静岡駅長鈴木才次郎
（その他）日本メソヂスト静岡教会牧師川村兵治、静岡県会議員伏見忠七、静岡市第三課長藤本藤平

星の演説は、参加者の心を動かし、多くの賛同を得た。これをきっかけに、東海訓盲院の静岡市移転がはかられ、「盲唖教育の振興」が御大典記念行事として取り上げられることになった。

静岡市への移転は、あさや東海訓盲院の関係者にとっては、思ってもみなかったことだった。あさが星を訪ねたのは援助を依頼するためで、移転までは想定もしていなかっただろう。

しかし、静岡市の実業家や教育関係者たちは、ともかくも東海訓盲院に行き場所を用意し、経営が維持できる方策を御大典記念行事として行うとしたのである。閉院を覚悟していた「職員や二十名足らずの生徒、其の他父兄の喜びと感謝は、はかり知る事が出来なかった」（『六十年誌』）のである。また、この記念行事は「盲唖教育の振興」であって、盲教育と同時に聾教育の振興もはかられた。静岡市移転後、東海訓盲院は聴覚障害のある聾生徒の受け入れも本格的に行っていくようになる。

この時期、静岡市の実業家たちが積極的に支援できた理由のひとつに一九一四年に勃発した第1次世界大戦によってもたらされた大戦景気があげられる。ヨーロッパを主戦場としたこの大戦では、連合国側にあった日本はほとんど無傷で、軍需品などの諸国の需要にこたえた。また、アジアに進出していたヨーロッパ列強はヨーロッパ戦線にくぎ付けになり、中国などのアジア市場への輸出も加速した。一九一六年に入ると日本は未曽有の好況に沸き、日露戦争以来の不景気は、ここにきて一挙に解消されたのである。静岡市の実業家たちが盲聾教育の支援に積極的になれた背景には、こうした経済状況の変化があったと考えられる。

四　経営安定への努力

静岡市への移転

星菊太を中心にした静岡市の有力者たちの尽力により、東海訓盲院の静岡市移転が決まった。あさや東海訓盲院の関係者にとっては、長年住み慣れた掛川の地を離れることに一抹の寂しさはあったが、閉院を回避するためには仕方がなかった。

東海訓盲院は、一九一七年（大正六）一月一五日に安倍郡安東村（現静岡市）熊野神社側に移転した。あさによれば、「当時の建物は二階建と平屋建の二棟だけで、運動場は全くなかった。二階建の方は、建坪が凡そ三十坪で階下を男生徒の舎室と食事場とし、階上約十坪ばかりを教室としていた。他の一棟は約七坪程度で女生徒の寄宿舎としていた」（『六十年誌』）。相変わらずの貧しい環境だったが、あさと東海訓盲院は新たな一歩を踏み出した。

静岡市への移転は、あさにとってただ移転したというだけではない大きな転機となった。治療を通して多くの政府高官や著名人と交流するようになった。その交友関係は幅広く、静岡県知事赤池濃や朝鮮総督斎藤実、重臣清浦奎吾、戦後では徳富蘇峰などがいた。こうした交流は県都である静岡市に居住したからこそできたことであって掛川では難しかった。

さて、東海訓盲院に話を戻そう。移転早々の東海訓盲院を訪問した静岡新報の記者は、その様子を伝えた（『黎明』）。記者が訪ねたときは、休憩時間で訓盲院内からは、笑い声や話し声が漏れ聞こえた。格子戸を開けると一人の生徒が返事をして出てきた。生徒は来意を聞くと奥に入った。院内は二階が教場で一階は生徒の居間になっていた。そこには何個かの机が「鍵形」に並んでいて、その隅に数個の本箱が二段に置かれているのがまず目に映った。また同時に、手が届きそうな低い天井の太い支え木に同一間隔で学帽が懸けてあるのが目に止まった。何も見ることができない生徒が、帽子、本箱、机、履物とよくも間違えないものだと感心した。今から授業が始まるというので校長に教場へ案内してもらった。今まで火鉢に手をかざしていた生徒が立ち上がって押し入れのところに行き、また三人が加わって四人で上履きを探し、階段の所に置いて記者を二階の教場へと招いた。教場には二、三〇の机が並べてあり、人体の標本もあった。教場では、二人の女子生徒が解剖学、二人の男子生徒は点字、もう一人の女子生徒は歴史の学習をしていた。廊下では八人の生徒が学習の順番を待っていた。

普通科と技芸科が学年ごとに分かれていたからカリキュラムは複雑を極めていただろう。

生徒もあさたち教師もたいへんであった。

私立静岡盲啞学校の設立

一九一七年（大正六）二月一一日、東海訓盲院は内務省より表彰され、八百円の下付を受けた。同年五月二八日、啞生部を加えて、校名を私立静岡盲啞学校と改称し、学則変更の認可を受け、六月二五日より実施した。校長には元静岡高等小学校長である綾部関が就任し、新たに東京盲啞学校聾啞部の卒業生である石井勇を教員として採用した。この時点での在学者は、盲生部一七人（男一一、女六）、啞生部六人（男三、女三）であった。

静岡盲啞学校が設立されても状況は一向によくならず、あさの苦心と努力は続いていた。『静岡新報』（一九一八年五月一八日）は、盲啞学校開校約一年後のあさの奮闘ぶりを伝える星菊太の次のような談話を載せている（『黎明』）。

……右に就き幹事の一人なる静岡師範の星学校長は曰く「同校では小杉あさ子といふ女教師が自分も盲目な為め、十年一日の如く深い慈愛と同情とで教鞭を執って居る。同校が今日まで維持されて居るのは、全く女史の熱誠の為である、女史は月俸も経営難の為め十二円に削減されて居るが其中の幾分を割いて教材を備へ先頃も補聴器を匿名で寄附された。唖者には只小学読本にあることを手振り、足振りで教へても効果がないから実物標本に依らねばならぬのだが、標本といつては掛図一枚もない始末に閉口してゐると。

ようやく僅かながらも給料をもらえるようになっていたあさは、その中から、なんと教材を購入していた。自腹でそんなことをしていたため、あさの生活難も相変わらずであった。

実地教育

あさはまた、経営難解消と生徒の実習指導を兼ねて、自らの治療の場に生徒を積極的に同席させた。一九一九年卒業の久保田ぬいは、次のような思い出を語っている（『六十年誌』）。

・・・実地の時間がくると、教える者もまた教わる者も一体となり、猛練習を続けたものでした。小杉先生は、「社会学の勉強だ」と、おっしゃって、有名人のお宅、中流の家庭、あるいは治療を施したその上に、お金や品物を恵んでくれるようなお宅までも、上級生をかわるがわる伴ないゆき、実地に御指導下さいました。

実際の治療は、しかし簡単ではなかった。あさは、こんな苦労談をしている（『六十年誌』）。

大正六年六月、地久節をぼくして、ろう唖生三名と、ろう唖の先生一名をまねいて、静岡私立盲唖学校と改称し、綾部関先生が校長となられた。この頃私が最も苦労した一つとして忘れ得ない事は、一本の杖をたよりに独り歩きを強いられた事だった。展覧会に出品せよと命じられ、或る裁縫の師匠のもとに一ヶ月程通学したが、この間、幾度か道に迷って川や堀にはまりこんだり、又夜半墓場に迷い込み、かがみ込んで通行人を待った時の事等今も忘れられない。はじめて按摩の治療に当番で出向いた時「お前はやせた体で小さいからききそうもない帰ってくれ」と、戻された時、又笛吹き按摩と同様に扱われ「オイあんま、ここへ来てもんでくれ、おれはつよもみだよ」と、座布団をほうりだされた時等のなさけなさ。しかし何を感じたか帰る時は急にうってかわり、下駄を揃え、杖をとり、寄宿舎まで送ってくれた、主人の態度の心うれしさ。岐阜からあづかったおえいちゃんの着物と帯を、ある大家に訪問して着ふるした子供さんの着物の寄附を仰いだ時、剣もほろろのお断りと、木で鼻をくくられたように、門前払いを受けた事もあったが、時には募金の折「まあ、御不自由の体なのに、御苦労様」と、厚くねぎらわれた事もあった。

学校経営の必要から、また、教育の面からも、あさは実地の治療を積極的に行った。それは、あさも語るようにたいへんな苦労であったが、そうした努力と鍛錬があさの按摩師、鍼師、灸師としての技量を超一流といってよいものにした。また、その人格を一層磨き上げたのである。

二番町新校舎への移転

一九一七年（大正六）一一月二八日、安東村の校舎は唖生も加わり手狭になっていたため、静岡盲唖学校設立者は校舎新築費募集の趣意書を発表した。翌年四月、静岡県からの補助金が四百円に増額され、同年一〇月、市内二番町に新校舎が落成した。

新校舎落成前、静岡市では城内西尋常小学校の改築に際し、その旧校舎の一部を無償で静岡盲唖学校に譲渡しており、新校舎建設のために寄付金が集められていた。静岡盲唖学校の設立者にも名を連ねた富士合資会社の原崎源作は、教育家実業家懇話会での星菊太の演説を聞いて以来非常に熱心な支持者となり、特別寄付二七〇〇余円を出し、一般融資者の寄付金二四三二円五〇銭と、その他を加えて合計六〇九三円五六銭が建築資金として用意された。

一一月二三日には新築移転開校式が挙行された。

開校式は午後一時に始まり、生徒の君が代合唱、教育勅語奉読、星菊太静岡師範学校長の設置報告、設立者総代原崎源作の昨年以来の工事の経過報告がなされた。次いで綾部関学校長の式辞、この年五月に着任した赤池濃県知事と伴野市長の告示、来賓小西信八東京盲唖学校長らの祝辞演説、祝辞祝電の朗読、生徒総代二人の答辞、唖生一同の校歌、敬礼と続き、三時に終了した。翌二四日は、校舎の見学が一般に開放された。この後、静岡盲唖学校では、日曜祭日は午前から、平日は午後二時から希望があれば一般の按摩治療を行うこととした。

あさが生徒として、また教員として過ごした東海訓盲院や安東村の校舎はとても貧弱で学校のイメージとはほど遠いものがあった。しかし、二番町校舎は二階建てで少なくとも学校らしい建物であった。学校の経営改善や設備の充実に東奔西走してきたあさの喜びは、誰にもまして大きかった。

赤池濃《あつし》と財団法人化

あさは、一九一八年（大正七）より一九三五年（昭和一〇）まで県の「鍼術灸術按摩術試験委員」を務めた。試験は、春秋二季県会議事堂で行われた（「きく雄手記」）。小杉家に残されている一九二〇年一〇月五日の静岡県からの辞令には「大正九年第二回鍼術灸術按摩術試験委員ヲ命ス」と記されている。同じく小杉家にある二三年一〇月の辞令にはこれに「マッサージ術」が加わっている。この頃あさの技術の高さは、公に認められるものになっていた。

一九一九年三月、私立静岡盲唖学校は、内務省令鍼按営業取締規則による指定学校の認可を得た。これにより卒業生は無試験で鍼・按摩の営業ができるようになった。

五月一二日には一五代将軍徳川慶喜の後を継いだ徳川家達が静岡盲唖学校を訪問するなど、その存在は多くの人の知るところとなった。

しかし、同じ頃悲しい出来事も起きた。五月一〇日に腎臓炎に尿毒症を併発して星菊太が亡くなったのだ。葬儀は追手町メソヂスト教会において執り行われた。星は、あさや盲唖教育のよき理解者であり、東海訓盲院閉院の危機を救い、静岡移転を進めた恩人であった。星の死の悲しみとその痛手は、あさにとって非常に大きかった。

そして七月一三日に財団法人私立静岡盲唖学校の設立が認可されると、ようやく財政的基盤も安定に向かっていた。ここに至るまでには、県知事赤池濃の支援が大きな力となった。『東京朝日新聞』（一九一九年一月二一日）は、このことについて次のように報じている（『黎明』）。

　四日市製紙株式会社専務取締役熊沢一衛氏は私立静岡盲唖学校基本金とし金壱万円を寄附したり、同校監督星静岡師範学校長は語る、「一月十七日突然知事に招かれ取敢ず登庁せるに熊沢氏の申出一条で喜んで受けました、寄附の動機は知事が同校教諭小杉あさ子の熱誠に感動し、小杉氏が壱万円あれば内務省令の指定学校と為す事を得る旨を語れるより知事は偶々電気統一の用件にて熊沢氏の登庁せるを好機とし、知事より学校の為めに手伝って呉れませんかと寄附を勧誘せるに、同氏は慈善家にて曾て郷里三重県の学校に二千円を寄附したる事あり、早速承諾せるものにて、同校は実際の所、建築丈は出来しものゝ、内部には借財もあり経費不足の折柄なれば之にて基礎を確立し拡張を為し得べく実に尊き寄附なりとて喜び居り、これにて来る八年度より内務省令指定学校の資格を得べく、卒業生は無試験にて按摩を開業し得るに至るべく卒業生の為めにも大に感謝す」云々。

あさの「熱誠」に感銘し、四日市の製紙会社の重役であった熊沢一衛に静岡盲唖学校への寄付を依頼した赤池濃は、長野県出身の内務官僚で、静岡県には一九一八年五月から一九年八月まで在職した。僅か一年三か月余りの間ではあったが、赤池のあさに対する信頼は厚く、静岡を離れたあとも親交が続いた。

かくして赤池の熱意ある依頼で実現した熊沢からの寄付金一万円は基本金として積み立てられた。この基本金をもとに静岡盲唖学校は財団法人を設立、あさが長年切望していた経営安定に一歩ずつ近づいていった。

財団法人に認可される前日の一九一九年七月一二日、学則の一部の改正も認可され、盲生部に別科が置かれ、また随意科として灸術研究科の新設が認められた。この別科では、静岡市内の按摩の徒弟に対し一日一、二時間無料で指導することが目指された。

指定学校の認可や財団法人化に感激したあさは、恩師で、当時愛媛県立自彊学園長となっていた松井豊吉に、点字で手紙を書いた（『黎明』）。松井はこの後、静岡県に帰り、静岡県に社会課が設置されると、嘱託として籍を置いた。また、一九二〇年九月八日には静岡盲啞学校の事務嘱託として理事に推薦された。あさの手紙は次のようである。

マツイ　センセイ　オヨロコビ　クダサイマセ　ホントウニ　センセイノ　ウエラレタ
メナシグサニ　イマ　コノ　ハルニ　リツパナ　ミヲ　ムスブベキ　ヨイ　ハナガ　サ
イタノデス　ト　ユーノハ　チヂノ　ゴジンリヨク　ニ　ヨリ　十七ニチニ　ヨツカイ
チ　デンキガイシヤ　ジウヤク　クマザワ　ト　ユー　ジツギヨウカ　ガ　ホンコー
キホンキントシテ　キン　一マンエン　キフサレマシタ　チヂノ　マツサージヲ　スル
コーエイヲ　エタノハ　サク　九ガツカラ　マイニチ　アア　ミノ　サチ　マタ　ガツ
コー　ノ　サカエ　ミナ　オカゲデス

あさの手紙からすると、赤池があさの治療を受けたのは一九一八年九月からで、以後毎日マッサージ治療をするようになった。この治療を通して赤池は、あさの技量、人柄、「熱誠」

に大なる感銘を得たのである。

入江東宮侍従長より贈歌

あさは一九一九年（大正八）五月、入江東宮侍従長より次の歌を贈られた。

駿河の海　みる目なき身も　まごころは
富士の雪より　清とぞおもふ

『万朝報』（一九一九年五月二七日）は、このことを次のように伝えている（『黎明』）。

静岡盲唖学校教員小杉朝子（三九）が盲人教育に清い生涯を捧げてゐることは、一昨年の本紙に詳記した、赤池知事は曩《さき》に東宮御召車に扈従《こしょう》西下の砌《みぎり》、入江侍従長に、女史が不幸明を失ひたるも志堅く盲人教育のために寝食を忘れ、且つ尊皇の志厚く精神的教育に貢献しつゝあること及び知事が其の奇特に感じて曩《さき》に、東宮殿下御下賜の羽二重を頒ちたることなどを詳しく物語つた所、侍従長も大に感激して今回京都より東上の際、美事の色紙を求め来り、左の一首を賦して女史に贈つた、丸山内務部長は五月二十六日女史を招いてこれを渡した所女史は身に余る光栄なりと感泣してゐた。

東宮とは皇太子のこと、東宮侍従長とは皇太子に仕える侍従長のことをさす。ここでの東宮は後の昭和天皇で、入江侍従長とは入江為守である。入江は歌人でもあり、一九一五年から御歌所長を務めている当代きっての歌人であった。羽二重とは、肌触りがよく光沢がある上質の白生地の絹織物のことで、赤池は皇太子拝領の上等の羽二重をあさに分け与え、さらに入江為守にあさについて話したのだ。それが入江のあさへの贈歌につながったのだ。赤池のあさへの心酔ぶりがよくわかるエピソードだ。

朝鮮総督斎藤実の治療

一九二一年（大正一〇）八月、あさは朝鮮総督斎藤実より治療を依頼され、ソウルの総督邸に一か月間滞在し治療を行った（「きく雄手記」）。

静岡を離れた後、朝鮮総督府に転じ、内務局長や警務局長を務めた赤池濃の紹介があってのことだろう。赤池はまた、一九二一年、朝鮮総督府に赴任した直後にも、総督府内のサルタレル財団に働きかけ、五〇円の寄付をしてもらうなど、静岡盲啞学校とあさへの支援を続けていた。小杉家には赤池の家族からの書簡も残っており、あさの葬儀に赤池の遺族が参列するなど、家族ぐるみでの親交があったようだ。

さて、あさの朝鮮行きに際しては、あさの兄安平の子康平が汽車で下関まで送っていき、そこからあさは、迎えにきた軍人と一緒に朝鮮に渡った。たくさんの軍人に囲まれていく姿はまるで連行されているようでもあり、見ていた人たちは、「あの日の不自由な婦人は何をしたのだろう」と噂しあったという。

斎藤実も赤池と同様、あさを大変気にいったようだ。そして、あさは、斎藤に同行していた斎藤の妻春子と親しくなった。親交は帰国後も続き、小杉家には、斎藤春子からの書簡が七通保管されている。斎藤春子との交流については後述する。

五　県営化と盲聾教育分離をめざして

県営化の陳情

あさの朝鮮行きより半年前の一九二一年（大正一〇）一月三〇日、静岡盲唖学校は関屋静岡県知事に県営の請願書を提出した。

同年三月二五日、静岡盲唖学校は卒業式を挙行し、第一回の唖生卒業生を出した。

同年九月一九日、静岡盲唖学校理事長尾崎元次郎は、原崎源作、綾部関、松井豊吉らとともに道岡秀彦静岡県知事、松原内務部長、岡田社会課長、本多学務課長を訪問し、県営について陳情し、意見書を提出した。

この時期、静岡盲唖学校の関係者が繰り返し県営移管を陳情したのには、理由がある。それより二年前の一九一九年七月、財団法人となり基本金を得て一旦は静岡盲唖学校は経営安定の方向に向かったが、支出は増える一方で経営は再び不安定化していた。尾崎理事長によると（「静岡県と盲唖教育事業」）、一九一九年度の歳出は一四七三円、それが二〇年度に二四九四円、二一年度には三六五〇円へと急増した。基本金一万円の利子が経営費に充てられたが、支出がうなぎ上りのなか、それだけではとても足りなかった。二一年度の歳入予算をみると、次のようであった。

静岡県補助七〇〇円　　静岡市補助一〇〇円
丙午慈善会寄付一二〇円　　維持会員寄付一二〇〇円
前年度繰越金八〇〇円　　雑収入三〇円
基本金利子五〇〇円　　寄付金見込二〇〇円
計三六五〇円

このうち基本金利子は五〇〇円で一三・七パーセントにすぎない。主な収入源は静岡県と静岡市からの寄付金八〇〇円（二一・九パーセント）、維持会員寄付一二〇〇円（三二・九パーセント）などで、特に維持会員寄付が多い。これは、静岡盲唖学校の経営費を補うために設立された維持会の会員による寄付金で、会員は一口年間六円を寄付することになっており、会員二〇〇人で一二〇〇円が見込まれた。この維持会員寄付金を含め全寄付金は一五二〇円（三九・五パーセント）で、財団法人となった後も寄付金に頼らざるを得なかったことがわかる。そのため、静岡盲唖学校の関係者は、県営化や補助金増額を求めて懸命に陳情したのだ。

ただ、あさは、この陳情の第一線に立っていない。財団法人化までは、学校閉鎖の危機を乗り越え、経営安定を図るために、先頭に立って獅子奮迅の活躍をしたあさだったが、学校の規模が大きくなり、組織がしっかりすると、表舞台には理事長や校長が出るようになり、あさは治療を通して働きかけを続けた。

あさは、同年一一月四日大阪中央公会堂で開会された第六回全国社会事業大会および名古屋市での盲教育大会に出席した。

唖生部の独立

一九二二年（大正一一）二月七日、尾崎元次郎理事長、松井豊吉理事は、伴野静岡市長を訪問して補助金の増額を陳情した。

同年三月一五日、北番町に聾唖部教室を設置し、別に民家を借りて寄宿舎とした。同日、三田良介が唖生部教師として就任した。

同年四月二〇日、技芸科教師として東京盲唖学校卒業生松田亀太郎が就任した。

同年五月一二日、原崎源作理事所有の北番町の建物を借りて、唖生部が独立、設置された。ここは一九一六年四月に、あさの訴えに感銘した星菊太が東海訓盲院支援を力説した元の富士青年会館であった。

一九一七年五月の静岡盲唖学校の設立以来、丸五年を経ての分離であった。

盲教育と聾（聾唖）教育の分離の意義は大変大きい。視覚障害のある人は耳から入る音声や触れることで多くの情報を得ているのに対し、聴覚障害のある人は目で見て情報を得ている。そのため、盲教育では音声による指導や点字指導が重要であるのに対し、聾教育では手話や口話法の指導が中心となる。両者の教育はまったく異なっており、同じ場所で教育することは至難であった。尾崎理事長も、この当時の論文で、盲者と聾唖者は全く違い、同一教室で教育するのは教育法に背くもので、静岡盲唖学校も経費の都合上やむなく同一校舎で行っているが、実際上の不便は少なくなく、唖生のための寄宿舎もなく、入学希望者は「拒絶」するほかなく、一刻の猶予もない状態だと述べている（「静岡県と盲唖教育事業」）。

また、トラブルも多かった。戦後の話だが、戦後一時期盲聾一緒の教育を受けた経験のある生徒は、見えないので遊び半分で少し意地悪をされたことがあり、分離したときは「本当にうれしかった」と語った。お互いの理解不足が原因だろう。

東海訓盲院が盲唖学校となったのは、尾崎が述べたように経営上の便宜のためであり、誰より盲聾教育の分離の必要を痛感し、それを切望していたあさにとって、大きな一歩であった。

盲学校及聾唖学校令と私立静岡盲学校、聾唖学校の設立

一九二四年（大正一三）四月一日、盲学校及聾唖学校令により二番町に私立静岡盲学校を、北番町に私立静岡聾唖学校を設立することが文部大臣より認可された。

ここで、私立静岡盲学校、私立静岡聾唖学校の設立根拠となった「盲学校及聾唖学校令」について少し見ておこう。

戦前における障害児教育法令としては唯一となる盲学校及聾唖学校令は長年の関係者の運動の結果、やっと出されたものであった。最初の動きは、一九〇六年（明治三九）で、大阪・京都・東京の三盲唖学校長により、府県立の盲人学校・聾唖学校設置、将来における義務教育化などを内容とする「盲唖教育ニ関スル建議」が提出され、文部省も盲唖教育令案の作成などの動きを見せたが、日露戦後の財政窮迫の中で実現できなかった。大正期の大戦景気のなか民衆の政治意識が高まり大正デモクラシーが展開するが、その風潮のなか、一九一八年頃から再び盛り上がった。この運動の高揚を背景として盲学校及聾唖学校令は公布された。

公布されたのは、関東大震災が起こる直前の一九二三年八月二八日、施行は翌年四月一日だ。静岡盲学校、聾唖学校は、この施行日に設立認可された。

この法令は道府県に盲学校、聾唖学校の設置を義務付け（第二条）、その経費は道府県の

負担とした（第三条）。公立、私立の盲学校、聾唖学校の設置、廃止は文部大臣の認可が必要であり（第六条）、盲学校、聾唖学校に初等部、中等部をおくとした（第七条）。

盲学校の設置義務及び経費負担が県の責務となることは、あさが長年抱いていた宿願であった。

しかし、これには抜け道があった。附則で、事情がある場合は、当分の間公立または私立の盲学校、聾唖学校を道府県立に代用できるとし、また、当分の間盲学校の学科と聾唖学校の学科を併置する学校を設けることができるとした。つまり、県立化は直ぐには実施しなくてもよいことになり、県立化も盲聾併置でよいことになった。

県立化への前進があり、盲学校、聾唖学校が独立した学校になったとはいえ、あさにとっては、まだ喜び半分であった。

一九二六年四月、静岡盲学校、聾唖学校は県立代用校として認可された。

なお、現在、静岡県内には県立静岡視覚特別支援学校のほか、浜松と沼津にそれぞれ県立の視覚特別支援学校が置かれているが、そのうち県立浜松視覚特別支援学校の前身である私立浜松盲学校は一九二一年一一月に設立、翌年浜松聾唖学校を併設した。一九二六年四月、県立代用校となるが、県立に移管するのは戦後の一九四八年（昭和二三）である。県立沼津視覚特別支援学校の前身である県立沼津盲学校が設立されたのは戦後で、盲学校が義務化された翌年の一九四九年四月であった。

県立静岡盲聾啞学校の誕生から再分離へ

さて、静岡盲学校が県立代用校に認可されてから六年後の一九三二年（昭和七）一一月の静岡県議会は、県立代用校私立静岡盲学校、聾啞学校の県移管を決議した。

翌一九三三年四月一日、静岡盲学校、聾啞学校は合併し、県立静岡盲啞学校となり、中村善作が校長事務取扱に任じられた。分離していた盲学校、聾啞学校が県立になった段階で合併されたのは、既述のように盲学校及聾啞学校令の附則で、盲学校の学科と聾啞学校の学科を併置する学校を設けることができるとされていたからであった。

あさは、一度分離できた盲啞学校を合併して県営として移管することに反対であった。あさは、このことについて次のように述懐している（『六十年誌』）。

昭和七年十一月の県議会に於いて、長年の宿望であった県移管が決定して大喜びをしたが、時代に逆行するように盲啞学校であったのには驚いた。直ぐ様盲啞分離への陳情をはじめた。この事について上京もしたが、当時貴族院議員の赤池濃氏（もと本県知事）

は分離の必要性をよく御理解下さって、本県田中知事に、分離について助言され、翌昭和九年四月一日から、静岡県立静岡盲学校となり、今日六十周年記念式典をあげる輝やかしいわが母校に発展したのである。

あさの対応は早かった。すぐに盲唖分離を陳情した上で上京し、よき理解者であった貴族院議員赤池濃を訪ねた。赤池は、あさの訴えを聞いて田中知事に盲唖分離について助言したという。

また、『六枚の肖像画』には、あさが、東京盲唖学校時代の恩師小西信八の紹介を得て、文部省にも出向き、初等中等局長に直接陳情したことも書かれている。できる限りの手を尽くして盲聾再分離のために東奔西走したあさの姿が想像される。

当時のあさは五二歳、盲女でしかも「女だてらに」と揶揄された時代に、諦めることなく挑み続け、僅か一年で再分離を勝ち得た行動力には、目を見張るものがあったことだろう。あさの素早い対応が功を奏し、県営移管から一年後の一九三四年四月一日、盲唖は再度分離し、静岡県立静岡盲学校、静岡聾唖学校となった。

ここに、静岡盲唖学校の県立移管に際してあさに出された辞令が三通、小杉家に残されている。一通は、一九三三年三月三一日付静岡県からで「静岡県立静岡盲唖学校教授ヲ嘱託

ス　為手当一ケ月五一円給与」というものである。この翌日県立静岡盲啞学校が開校したが、そのための辞令であった。

二通目は、同年一〇月三一日、静岡県からで「静岡県立静岡盲啞学校教授嘱託小杉あさ」に対し「校務ノ都合ニ依リ嘱託ヲ解ク」というものであった。そして三通目は、同日付で、「静岡県立静岡盲啞学校教諭ニ任ス　給九級俸」であった。この時点で、あさの県立学校教諭としての身分が確定したのである。

県立静岡盲学校が誕生してから約一年半後の一九三五年（昭和一〇）八月、あさは次のような辞令を受けた。

静岡県立静岡盲学校教諭小杉あさ

公立盲学校教諭ニ任ス

高等官八等ヲ以テ待遇セラル

昭和十年八月十五日

内閣総理大臣従二位勲一等功三級岡田啓介宣

高等官八等は、高等官の中では最下位にあたるが、それでも三等から八等は、内閣総理大臣が天皇の裁可を得て任命する形式をとる「奏任官」である。女性の高等官待遇は珍しかったが、あさの長年の功績が認められたのである。

女子教育

あさは、静岡盲学校で教鞭をとっていただけでなく、静岡女子師範学校専攻科などでも指導していた。あさは、次のように語っている（『六十年誌』）。

私は、はり、きゅう、マッサージ、按摩の教授を担当した関係上、市内の精華女学校をはじめとして、高等小学校、女子師範学校専攻科、或は郡部の処女会等から、家庭マッサージ講習会の講師をたのまれ教務の間に多忙の年月を過した。この家庭マッサージは家庭円満の唯一の技だと言われて、いづれからも歓迎された。

あさの「略歴」（「白杖」所収）によれば、一九二七年（昭和二）四月一日に静岡女子師範学校専攻科教授を嘱託され、その後何度か嘱託されている。小杉家には一九二九年と三二年の辞令が残されており、文面はいずれも同じで、「静岡県女子師範学校教授ヲ嘱託ス　為手当一箇月拾五円給与　静岡県」と記されている。あさはまた、一九二九年四月一日、静岡市立静岡病院附属看護婦養成所マッサージ教員にも嘱託された（「略歴」）。

戦前のことなので「家庭マッサージ」とは妻が夫に奉仕するという意味合いもあったかも

しれない。これは、現代から見れば受け入れがたいことである。ただ、あさのマッサージの施術と指導は、家庭円満の秘訣と評判になるほど優れていたことだけは間違いない。

六　引退

静岡盲学校退職

あさは、高等官八等に遇せられてから、およそ五か月後の一九三六年（昭和一一）一月二二日、静岡盲学校を退職する。五四歳であった。内閣総理大臣岡田啓介名の公立盲学校教諭小杉あさに対する「願ニ依リ本職ヲ免ス」という辞令が小杉家に残されている。

静岡盲学校では二月八日、午前一一時より静岡盲学校階上式場においてあさに対する告別式が挙行され、引き続き、校友会の送別会、送別茶話会が催され、別れが惜しまれた。退職の理由は明確にされていないが、県立化と盲学校・聾唖学校の分離を果たし、大きな役目を一つ終えたと考えたのではないか。また、当時の女性教員としてはやや高齢であることも退職を決意させた要因であったかもしれない。

あさは、この後も嘱託として同校に籍を残すことになるが、一九〇三年（明治三六）の東海訓盲院への奉職以来、三二年間続けた教員生活に、とりあえずのピリオドを打った。

一九三八年に静岡盲学校初等科に入学した芝川勘二郎氏によれば、芝川氏が初等科に入学したころ、あさは週一回二時間、講師として教鞭をとっていた。自宅からは「国民車」と呼ばれる、自転車に人が乗れる車を付けたような車両で通った。戦時下で、ガソリン不足の時代だったが、あさは、退職後も週一回は盲学校を訪れ、後進の指導にあたっていたのである。

あさは、体は小さくきゃしゃであったが、声は大きく張りがあった。授業では鍼の古典を多く指導した。見立てがよく、あさの指導通りに治療すれば、大変よくなったという。

ヘレン・ケラーの来静

盲・聾の障害を負いながらも、世界各地を歴訪し、身体障害者の教育や福祉に尽力したヘレン・ケラーは、この頃初めて来日を果たし、静岡にも訪れて、静岡盲学校、聾唖学校を訪問している。ヘレン・ケラーはあさにも大きな感銘を与えた。

ヘレンが静岡に来たのは一九三七年（昭和一二）五月四日。夕方静岡駅に着いて、熱烈な歓迎を受けた後、静岡市公会堂において講演を行う。翌朝、静岡県立静岡聾唖学校と静岡盲学校を訪問した後、静岡市公会堂で「愛と教育の勝利」を講演、午餐会をへて名古屋に向かった。

ヘレン・ケラーとの出会いは、あさに大きな感銘を与え、盲教育から盲人福祉へとその後あさが活動を広げていく推進力となった。

同年一〇月五日、静岡盲学校の新校舎が現在静岡視覚特別支援学校がある静岡市曲金に落成し、移転した。新校舎落成に際し、盲啞両校の県営移管にも力を尽くした島田町長兼県会議員加藤弘造も、あさに「先生もまあどんなに嬉しいでせうね、掛川から静岡へ移転されてからズット不幸な方々のために次々と、よりよい境遇を考へ考へ心配し心配していらつしやつた御苦労が長くそして深くていらつしやつただけにけふのおよろこびは、どんなでいらつしやるか、とても御想像出来ぬ心さへいたします」(『黎明』)と祝辞を贈った。

昭和十二年 竣工当時の校舎

盲教育から盲人福祉へ

この時期(一九三八年〈昭和一三〉と思われる)のあさの談話を『盲啞の黎明』は、次のようにまとめている。長文であるが、引用してみよう。

昨年来朝したヘレン・ケラー女史は盲聾啞の三重苦を征服した、その奇蹟的な実象は我国の社会事業界に麗はしい足跡を印したことは永久に新たなる記憶であるが、盲人福祉協会では其来朝の記念としてライトハウス盲人会館の設立を決意したことは、明日の明朗日本のため闇に泣く同胞の福祉増進を望んで止まぬものである。

ところが茲《ここ》に新たな問題として考へられる事は、今次事変を通じて俄然として登場した傷病兵中の失明軍人である、一死正に君国に捧げた軍人とは申せ、戦の庭より身を退き白衣の勇士として病院のベッドに体を横へ、今新に失明の苦杯を受け、今後の事を静かに思ひ回らすの心中如何ばかりの苦衷であらう。社会事業に関係を持つ者は勿論、銃後の国民各自が新なこの失明軍人に満腔の同情を寄すると共に、今後の生活戦線にその責任を分担せねばならぬ重大な問題と信ずるものであります。

生れながらの盲人固より悲じむべきである、しかし世に悲惨なる事多じと雖も人間生れて物の形状色彩を弁別しながら不幸半途にして失明し視力の喪失せる如きは人生に於て経験する最も悲しき事の一つであらう。そは忽ちにして人の顔も自然の万象も見る事を得ず一切が暗黒であるといふのみにあらずして、生活機能の門戸である視力を失つても尚生きねばならぬといふ苦しみ、失明の重荷を負ひ乍《なが》ら世の正眼者と共に生活戦線に立たねばならぬと云ふ事であらう。

古来日本の盲人は伝説でも絵画でも、総べて嘲笑の対照であつて、按摩が杖を空に振りあげて犬に吼えらる丶図であるとか、瞽女《ごぜ》が人の門頭に立つて居ることは乞食以上の何物でも無い、昔もそうであつたが、我国目下の盲人大衆の生活様式及び其の内容を見ても決して楽観を許さないのである、否更に観察の目を厳にするならば所謂《いわゆる》徒弟階級なる無産労働者が親方と称すべき小資本家階級の圧迫のもとに苦役しつ丶ある状態を見、これら按摩階級の低き業務にあるものが、深夜人の就眠時間に鉄棒を引き笛を吹流し行く場面、将《は》た又、濁り江の耽車の花と弄《ろう》さる丶など、一等国の文化を誇る大都市の夜を彩る実社会劇の場面としては余りに傷ましいものではなからうか、実に盲人の大多数は社会の最下級水準の下に生活することを余儀なくされ、一般社会は彼等に同情し扶助するよりも寧ろ侮辱し冷笑し厄介視してゐる現状である。この不遇な同胞、盲人の精神的又物質的生活を向上発展せしむる所の社会的施設の拡充の必要は論を俟たぬ所である。

中途半端の俄《にわか》盲人は既に此悲しい状態を目で見て居るし、又耳で聞いて居るから、今更失明して此境地に自分も陥落せねばならぬかと云ふ感情が屋上屋を架して先天性の盲人の知ることを得ない、想像だも及ばぬところで、此の如き境遇に入らんよりは寧ろ死を撰むことは当然のことでぁる。

しかし此死線を突破し敢然として社会に立つ者としては、必ずしも悲哀に沈んで居るものでは有りません、却って猛然として暗黒を征服して、暗黒裏に光明を発見し勇気を振て職業にいそしんで居ることを紹介したいと思ふものであります、其方法としては何よりも先づ、規則正しく点字の学習と技術の練習を積むことであつて、現今では盲学校卒業者にして年齢若く技芸も未熟でありますから、進んで独学の精神と、自力生活の訓練を積まねばモノの役に立ちません。

いま中央盲人福祉協会の統計表による我が国の盲人数は（昭和六年十二月の全国盲人調査）男三八、三〇四人、女三七、九五六人合計七六、二六〇人で、内救護を要する者一三、五六〇人の多数に上つてゐるといふことでありますが、欧米の盲人保護の現状に比して我が国はまだ格段の差ある事を否定せざるを得ぬであらう。欧州各国に於ては盲人唖人或は一般不具者貧困者に対しては、如何にして救護し、根絶せんかに数百年以前より一大努力を払ふて来たと云ふ。これは基督教会、修道院の専ら為したとの事であるが、十六世紀以後、国家的に社会的に関心を有し、その施設は全欧各国になされ米国はその粋を採るに至つた。それは単に、社会政策国家経綸より出たるに非ずして、之等不幸なる者をして如何にかして常人のなす生活を営ましめんとする人間愛の発露であつた。

この美はしい精神、動機が各種の盲人保護の法令となり社会施設となつて現れて今日の福祉増進の発達を見るに至ったのであります。

此意味に於きまして現在日本盲人の行くべき道としては、学齢児童の為めに国家が就学の義務制を実行することで、此れが実行せられねば如何に学校制度や校舎が立派に出来ても画がいた餅の類であります、次ぎには盲人の付添人の乗車船賃を免除して其奨学と交通安全を期すべきであります。

私の宿願と致しましては是非近き将来には盲生卒業後の修養機関と、盲女子の補導方法其他品性の向上と職業の指導等の為め、盲人福祉増進の一機関を設けたいと思ふものであります、毎年盲学校を卒業するものは、約一千名にも及びますが、此人々が学校を出ても職業が無い、いつまでも親の厄介に成るのは悲しき事である、そこで青年盲男女生の放浪生活が始まる、此処に懼《おそ》るべき危機が孕《はら》まれる、ともすれば頽廃気分に堕する、そこで多少文字を解する不良者を生じて盲人全体の声価を失墜するの恐が多分に含まれて居ります。願はくは世の有眼識者並に盲者同性、心眼の聡明なる人々の大に該事業の達成を援助せられんことを切望する次第であります。

ここには、盲教育の振興というだけでなく、盲人福祉向上へのあさの強い思いが示されている。盲人がおかれている現実を厳しく受けとめ、とりわけ戦時下傷痍盲人の増加を憂いているのは、中途失明の悲惨を自ら体験しているからでもあったろう。盲人福祉の向上のために、教育では就学の義務化と点字、技術の習得を訴える。そして、卒業後の修養や職業訓練のための機関設置の必要を説いている。

あさはまた、自らの考えを実践していった。「久遠の光」によれば、盲学校を卒業しても職のない者や家のない者、技術の不十分な者を自宅に引きとって、指導を行い、社会へ送りだしたのだ。盲女子に対する愛情はとりわけあつく、「ときわ盲婦人会」を結成し、盲女子の知性や人格の向上に努めた。

奉安殿寄付

一九四〇年（昭和一五）、あさは、静岡盲学校に御真影や教育勅語謄本などを安置する奉安殿を寄付した。この年は、神武天皇即位から二六〇〇年といわれ、紀元二六〇〇年の奉祝ムードが全国的に湧きあがった年であった。あさもこれを記念して奉安殿を寄贈したものだ。御真影とは天皇、皇后の写真である。戦前の学校では、天皇に対する「臣民」教育が行われた。天皇制は「国体」であり天皇は「現人神」とされたが、天皇の神格化は戦時下一層強められた。そのため御真影の入った奉安殿は、戦前の学校において最も尊重されるべき施設であった。

静岡盲学校は、一九三七年一〇月、二番町の旧校舎から曲金の新校舎に移転したが、あさが寄贈した奉安殿は、同年一二月一八日に奉戴された御真影を安置するためのものだった。鉄筋コンクリート造、大社造で、工事費は二六〇〇円、紀元二六〇〇年にちなんだ金額であった。竣工落成式は一一月三日に行われた。静岡県知事からの以下のような受領証が残されている（「白杖」）。

受　領　証

御真影奉安殿壱棟　此価格二、六〇〇円

但、静岡県立静岡盲学校御真影奉安殿トシテ寄附

右、受領候也

昭和十五年十一月二十六日

静岡県知事　小浜八弥　印

静岡市×××

小杉あさ　殿

この奉安殿寄贈には、逸話がある。あさの養子茂作は、次のように述べている（『八十年誌』）、

・・・時は大正十三年（一九二四）の一月、今上陛下が、当時皇太子殿下とし、目出

度く御成婚の儀をあげられました。この頃の事について妻の話によると「母はこの御成婚を記念して、皇太子ならびに妃殿下の御年にちなんだ額の貯金を始め、毎月一銭づつ加えて、これが相当な額に達したいつかの時に、最も意義ある事に使いたいと、ずっと続けて私が郵便局へ預けに行きました」と。・・・

あさは、過去に入江為守東宮侍従長から贈歌を受けたりしていたこともあり、皇室に対する思いは人一倍あつかった。

しかし、戦前国家神道や天皇神格化の象徴であった各地の奉安殿は、戦後、GHQの指令により撤去された。静岡盲学校でも一九四六年七月一二日付の静岡県教育民生部長の御真影奉安殿撤去の指示を受け、同年八月三一日、撤去した旨が報告されている。この報告書は校長小杉茂作により出されている。御真影は、この年二月に既に返還されていたが、奉安殿撤去は期限ぎりぎりであった。指令とはいえ、母が寄付したものの撤去に茂作は胸がつまる思いだったという。

家族

一九二四年(大正一三)七月三一日、あさの父吉平が死去。東海訓盲院や静岡盲啞学校の経営難の時代、無給で働いていたあさを物心両面で支えたのが吉平であった。父危篤の知らせを受けたあさは、父のもとに駆け付け、看病を人に任せず付き添った。

あさの最後の弟子となった鈴木静穂氏によれば、あさはよく「親よりありがたいものはない」と言っていたという。あさの落胆は想像以上のものだったろう。

あさは、一九二三年から姪のきく雄と生活を共にした。きく雄は、あさの姉ふさの娘である。あさの兄安平は、きく雄が高等女学校を卒業するのに際し、静岡に出て女子師範学校に通い、あさと同居してほしいと懇願した。きく雄はその申し出を快諾した。きく雄は一九三一年（昭和六）静岡県田方郡大仁町（現伊豆の国市）出身の菅沼茂作と結婚、茂作はきく雄と共にあさと養子縁組を結び、小杉家に入った。茂作は小学校教員であったが、盲学校教員の資格を得るべく決意、一九三五年に夫婦で上京して、茂作は東京盲学校師範部に入学、一九三六年には同校を卒業した。当初は新潟盲学校に就職したが、一九四三年七月一〇日静岡盲学校に着任した。一九四五年六月六日には死去した校長石坂定のあとを受け、学校長事務取扱に就いた。戦後の盲学校は茂作らを中心に展開する。

あさは、親兄弟だけでなく、親戚一同に支えられて、その生涯を送った人であった。また、支えられるだけでなく、自分を厳しく律し、同時に周囲にも厳しい人であった。姪のきく雄に対しても女子師範学校に通わせるだけでなく、日頃のしつけにも心を配った。電話のかけ方ひとつにも折り目正しい言葉遣いを教え、きく雄が掃除を終えた後、障子の桟にほこりがあることを指摘し、手抜きはならじと諭すようなこともあった（『肖像画』）。

あさの兄安平の孫にあたる小杉初太郎氏によれば、あさの親戚の子女は、よくあさの手伝いに行くことで、しつけをしてもらったそうである。また、あさが、高薗に帰省をするときは、皆、ちり一つないよう入念に掃除をしたとのことであった。

七　斎藤実妻、春子との交流

妻たちとの交流

あさは、赤池濃や星菊太、加藤弘造など多くの実力者から支援、支持を受けた。一介の教員であったあさが、こうした支援や支持を受けることができたのは、あさの盲聾児に対する深い愛情と、盲聾教育に向き合う真摯な態度に皆が感銘を受けたことはもちろんのこと、按摩・マッサージ師、鍼師、灸師として優れた技術をもち、かつ品性の高い人格者であったからだ。あさは教鞭をとるかたわら治療を介して、多くの人々の知遇を得た。朝鮮総督斎藤実もその一人であった。

小杉家には、あさ宛てに赤池濃の妻五日子や斎藤実の妻春子からの書簡が残されている。マッサージが私的なことであり、同じ女性同士ということもあって、より親密だったのは、それぞれの妻とではなかったかと思われる。妻たちからの書簡が多いのもそのためだろう。

七通残されている斎藤春子からの書簡を紹介する。

斎藤春子からの手紙

斎藤実は、一九一九年（大正八）八月から一九二七年（昭和二）一二月まで、二九年八月から三一年六月まで朝鮮総督を務めた。三二年の五・一五事件で犬養毅が暗殺され、政党内閣が崩壊した後を受けて内閣総理大臣に就任した（三四年八月まで）。三五年一二月には内大臣に就任したが、三六年二月、二・二六事件で凶弾に倒れるまでの短い期間であった。

斎藤春子の書簡は七通で、消印で年月日が確認できる順に並べると、次の通りである。

①　一九三一年（昭和六）　一二月二六日
②　一九三二年（昭和七）　一二月一七日
③　一九三五年（昭和一〇）　九月一三日
④　一九四〇年（昭和一五）　一月一九日
⑤　年不詳　五月五日
⑥　年不詳　九月一五日
⑦　年不詳　一一月二五日

「最初の手紙」

今年も最早余日少なに相成り候処、皆様にはお障もなく御健勝にて入らせられ候御事と奉賀申上候。さて拝承仕り候えは、此度御良縁ありて養嗣子御むかへあらせられ候御由にて、御一家の為めまことに御目出度祝着に存上候。別途小包郵便にてほんの御祝のおしるしまでに粗品御送り申上候間、御笑納下され候は、、本懐の至りに御座候。就ては、この間はまた御心におかけさせられ、御地特産の御美事なる御蜜柑沢山御寄贈賜はりまことに難有、日々たのしみに賞味罷在候。先は不取敢書中を以て御祝詞かたがた御礼まで申上候。

あら〱かしこ

斎藤春子

師走二十六日

小杉あさ子様

御もとに

これは斎藤夫妻が朝鮮から帰った年の書簡である。茂作ときく雄があさと養子縁組をしたお祝いと、歳暮としてあさが贈った蜜柑に対するお礼が記されている。

②は、斎藤実が総理大臣のときのものである。①と同じくあさが贈った蜜柑に対するお礼。

「三番目の手紙」

とかく不順の折柄にも御障りもなう御機嫌よふ入らせられ候御事、何よりとおよろこび申上候。さて先達は御目出度奏任待遇の恵命に御□浴遊ばされ候御よしにて、まことに欣恭御祝福申上候。これ偏に御許様の不撓不捲御熱誠なる御奉仕の賜と存上候。御盛大なる御祝賀会御模様の御写真及び美はしき御寄贈下され、ありがたく頂戴致し上候。私共もおかげ様にて元気にて過こし居り、この間北海道樺太まで旅行仕り候間、何らおこゝろ易ふ思召し下されたく、先は御祝詞かたがた御礼厚く申上げまゐらせ候。時分柄せつかく御身御大切においとひ遊ばし候よふ念し上候。実よりもよろしく申上候。

あら〳〵かしこ

斎藤春子

九月二十二日

小杉朝子様

御もとに

この年八月、あさは奏任官待遇の高等官八等に任じられたが、その祝いの言葉と祝賀会の写真等のお礼が記されている。

「四番目の手紙」

今回の御地の大火、ラヂオ新聞紙にて承知致し、何とも申様なきお気の毒にて、御前様の学校、御住宅は如何かとお案じ申上居候処、昨日大木様よりのお電話にて御無事なりしとの事にて大安心仕りおよろこび申上居り候。一時はさぞかし御心配遊はし御事とお察し申上候。御寒さの折柄折角御自愛遊はし候よふ念し上候。

一月十九日　　草々かしこ

小杉あさ子様

御もとに

ここでの大火とは、同年同月一五日に発生した静岡大火のことである。正午過ぎに出火し、延焼は一五時間に及び死者二人、負傷者千人を出す大惨事だったという。ラジオや新聞で大火を知ると、すぐに安否を確認し、見舞い状を出している。春子の心遣いがよく伝わってくる書簡である。二・二六事件後のこの時点では、夫の実は既になかったが、あさとの親交は続いていたのである。

「年不詳のその他の手紙」

⑤は消印が判読不能で年がわからないが、斎藤夫妻が上京の途中、停車場（静岡駅か）で

あさに会ったこと、新茶を贈ってくれたことへのお礼が書かれているので、朝鮮から帰朝の頃かもしれない。

⑥も年がわからない。内容は、あさの訪問を受けたが、千葉県一の宮に行っており不在であったことと、茶をもらったことへのお礼である。

⑦も年がわからないが、内容は「毎々主人の身上につき御親切様になにかと御配慮賜はりありがたく存上候。過日新聞紙上に現はれ候陰謀のこともお蔭様にて未然に防き得たるは、一偏に皆様方の厚き御高庇に依るものと只々感謝罷在候」と、夫実の身の安全への心配に対するお礼である。この「陰謀」が具体的に何をさすかはわからないが、二・二六事件を前に不穏な状況があったのだろう。

以上、斎藤春子からあさへの七通の書簡を見てきたが、斎藤春子があさに対し敬意をもって接していたことがよくわかる。斎藤春子は、いうまでもなく総理大臣も務めた子爵斎藤実の妻であり、自身も英語が堪能でよく夫を助けた。一八七三年（明治六）の生まれなので、あさより八歳年長である。華族、平民など身分の違いがあった当時、二人の関係はいささか奇異にも思える。しかし、社会的な地位や立場を超えて、尊敬の念をもって受け入れられる、そうした人としての魅力があさにはあったのである。

八　日本のヘレン・ケラー

戦後改革

一九四五年（昭和二〇）八月一五日、日本は連合国に敗北し、アジア・太平洋戦争は終結した。その後、連合国の占領下に入った日本では、GHQの間接統治のもと、民主化政策が推進された。新たに制定された日本国憲法や教育基本法に基づいた教育の機会均等や教育を受ける権利、男女平等など教育の民主化も進められ、学校教育法により六・三・三制の新たな教育制度がスタートした。障害児教育についても、盲・聾・養護学校の設置義務と障害児を含むすべての学齢児の就学義務が明記された。

しかし、障害児の義務教育は原則として確認されたものの施行期日は政令で別に定めるとされたために即刻の実施は危うくなった。そこで盲・聾教育関係者や日本教職員組合などのほとんど連日にわたる請願、陳情により盲・聾学校については一九四八年四月より小学部一年から逐年ごとに六・三制が実施されることとなった。ただ、養護学校の義務化ははるかに遅れて、三〇年後の一九七九年まで待たねばならなかった。

あさが熱望していた学齢盲児の就学義務化が、ここでようやく成ったのである。

盲人の生業である鍼灸に対し、総司令部公衆保健福祉部は一九四七年九月禁止の意向を表明したが、これは盲人の死活問題であるため、盲人業者、盲学校教師、盲学生らの激しい反対運動によって食い止められ、同年一二月「あん摩マッサージ指圧師、はり師、きゆう師等に関する法律」が成立した。同法は、従来の徒弟修業を認めず、すべて公認の学校・養成施設卒業者のみに試験の上、免許を与えるというものであった。これにより徒弟制による盲人修業は禁止された。

ヘレン・ケラーの第二回来日と「日本のヘレン・ケラー」

ヘレン・ケラーは、既述のように戦前の一九三七年（昭和一二）に初来日し、終戦直後の一九四八年に二度目の来日を果たした。

ヘレンは九月一四日に静岡市に来ており、午後六時からの静岡市公会堂における講演会には、静岡盲学校の生徒三〇人が参加した。

この来日の際、ヘレンは、重複障害児、弱視児、盲幼児の教育と失明防止の対策、ＰＴＡ

や女性を中核とする愛盲運動の必要性、全国的盲人組織の結成と地方本部相互の連帯について訴えた。

あさもヘレン・ケラーと会見し、日本人形を贈った。ヘレンの来日を機に、全盲という障害を乗り越え、厳しい社会の中で活躍するあさを、人々は「日本のヘレン・ケラー」と呼ぶようになった（『六枚の肖像画』）。

ヘレン・ケラーの来日直前の八月一八日、盲人の全国的組織、日本盲人会連合（日盲連）が組織され、事務局は大阪にある日本ライトハウスに置かれた。日盲連はその結成大会で「時は来た。新時代の太陽は昇らんとしている。今回遥々来朝せんとするヘレン・ケラー女史の献身的愛盲の赤誠に応え、ここに挙国的な盲会の一大統合を期した。我等は敗戦の混迷と彷《ほう》徨《こう》より立ち上り、盲人の文化的、経済的向上と、社会的地位の躍進を図り、進んで平和日本建設のため、真に人道的使命に立脚し、社会公共のために寄与せんことを誓う」と高らかに宣言した。

会員は都道府県の盲人団体と盲人施設代表とし、会長にはヘレン・ケラーの朋友岩橋武夫、副会長には大野加久二、磯島慶司が選出され、理事は二三人で静岡県からは石川迪三、金井キヨが参画した。

静岡県盲人連合会会長

一方、一九四八年（昭和二三）、静岡県東部盲人連盟が結成され、翌年続いて中部盲人協会が設立された。中部盲人協会は、あさが、盲人が孤立的、疎外的になることを憂い、盲人が団結し、自主厚生、福祉の増進に努めるべきことを主張し結成され、あさが推されて会長に就任した。

また、同年、静岡市盲人福祉協会も創立された。その創立総会が七月一日に開催され、準備委員長のあさは、役員選挙で顧問に選出された。さらに一九五〇年には静岡県盲人連合会（現静岡県視覚障害者協会）が結成され、あさはそこでも会長に選任されている。あさは、文字通り東奔西走して県下盲人を糾合するこの連合会を結成した。五月二九日に開催された結成大会について静岡県盲人会『県盲会三十周年記念誌』（以下、『県盲会記念誌』）は次のように記している。

………こうした社会情勢を背景に開かれた、県盲連の結成大会は、三十人にも満たない出席者ではあったが、会場に当てられた静岡盲学校は、県下盲人結集の感動に厳粛ささえ漂わせていた。結成大会は、斉藤武郎静盲教諭司会で進められたが、冒頭挨拶に立った中盲協の初代会長　小杉あさは、張りのある（略）「人間の本当の価値は、障害のあるなしで定まるのではありません。如何に生きるかにあります。ヘレン・ケラー女史の提唱された愛盲の灯火をもっともっと高く掲げるために、今日こゝにあい集った私達は、日盲連に協力し、一致団結一丸となって、何処よりも美しい静岡県の地に、新らしい立派な盲人福祉の大輪を咲かせましょう。例えその花を私達の時代に見ることが出来なくとも、後に続く多くの後輩のために、美しい花を咲かせるための努力を粘り強く繰り返しましょう。私達皆が愛するように、後輩達もその花をきっと愛してくれることでしょう」。次いで司会者を議長に選任し議事に入った。結成の経過報告に立った準備委員会の代表、杉山真平は、二十五年二月中盲協に起きた、県下盲人団体統合の声は、忽ち全県下に広まり、同年四月二十日と、五月二十日の両日開かれた結成準備委員会の模様を克明に報告「民主主義社会にあっては、個人の人格と能力を相互に尊重し、認め合う組織を媒体としない限り、正しい世論の喚起と福祉の増大は不可能である」との結成理由は、出席者全員の共鳴を呼んだ。会則と運動方針を承認した後、役員選挙に移り、初代会長に小杉あさ、副会長に狩野紫郎（東部）、松田亀太郎（中部）、名倉宇平（西部）、総務部長に新谷正喜、会計部長に斉藤武郎、理事に間野健三、小松馬太、市川茂治（東部）、坂本松太郎、杉山真平（中部）、平山久吉、鈴木宗作（西部）等を選び閉会した。

なお、この年一九五〇年四月、前年一二月に「身体障害者の自立と社会経済活動への参加を促進するため」身体障害者福祉法が施行された。この法律は、貧困対策の一環としてではなく、福祉の視点から障害者をとらえようとしたもので、障害者は貧困者と同様に生活保護法で対応すると考えていたGHQは、当初これに否定的であった。しかし、四八年のヘレン・ケラーの来日で障害者に対する認識が高まっていたこと、日盲連をはじめとする障害者団体の強い要望などもあって、与野党一致の議員立法として成立した。

この法律で、身体障害者手帳の交付、補装具の支給、身体障害者更生援護施設や身体障害者更生相談所の設置等について定められたが、あくまでも「更生」を職業復帰と捉える内容になっており、知的障害、精神障害、内部障害が除外されているという限界もあった。

日盲連第六回全国盲人大会の開催

一九五〇年（昭和二五）に結成された静岡県盲人連合会は、日盲連大会への参加も五一年開催の第四回大分大会からであった。にもかかわらず、一九五三年には静岡で第六回大会が開催されることになった。参加から僅か二年での大会誘致は大変なことであったが、大会委員長新谷正喜ら会員の熱意によって準備が進められた。あさも、会長としてその準備に邁進した。

全国大会は、日盲連と県盲連の共催ではあったが、宿泊場所等の手配一切は県盲連が行うことになっていたため、準備は大変だった。大会開催費用は約六〇万円、内二〇万円は県費補助金、あとの四〇万円はおおむね寄付であった。あさは、この時既に七〇を超えていたが、そのバイタリティは健在であった。『県盲会記念誌』に次のような記述がある。

当大会の開催にあたって県身連は、全面協力を惜しまなかったが、なかんずく、浜田事務局長は、数原県民生部長にも信望が厚く、県費補助金要請を始め、各方面への資金協力依頼には、小杉あさ県盲連会長に同道したと云われる。

小杉茂作が校長を務める県立静岡盲学校では点字の観光案内二万部を印刷し協力した。静岡市公会堂で開かれた大会には全国都道府県代表者四〇人、県盲連会員等百十数人が出席。五月九日「……組織の強化に一段の努力をいたし、真に信頼するに足る団体たらしめねばならないことを痛感し、愈々和協一致目的達成に邁進し、更に全アジア盲人の福祉増進と、文化の向上に奉仕せんことを本大会の名に於て誓う」との大会宣言をした。自国だけでなく、国境を越えた相互扶助と協調の精神が認識され始めた。

第六回全国盲人大会を成功に導いた協力団体である静岡県身体障害者連合会（県身連）は、一九五二年三月九日に設立されているが、設立総会には四八〇人の身体障害者が、県下各地から参加した。

盲人会館建設

一九五三年（昭和二八）五月、静岡県盲人連合会が県の協力を得て建設した盲人会館が完成した。しかし、それはあさがかねてから念願していたそれとは結果的に大きく異なったものであった。あさが当初抱いていたイメージは、次のようなものであった（「久遠の光」）。

一、中途失明者の自活自営の途を講ずる為の職業補導及盲女子の生活指導
二、盲人に対し講演、研究、修養、意見発表及レクリエーション等の機会を与えて、普通人と同等な社会生活の資質と文化の向上をはかる
三、点字図書室を併設して県下盲人並びに盲学生の為に点字図書を完備し、各種の研究、修養の為、自由に読書しうる機関をつくる
四、盲人が当地方に出張又は旅行等の際、異った環境における不便や危険をさけて安易に宿泊する事の出来るよう便宜を与える

あさは、職業指導・生活指導施設、研修・レクリエーション施設、点字図書館、宿泊施設の機能を持つ総合的な盲人施設を構想していたが、実際にはこのようにならなかった。盲人会館建設委員会の委員長は県副知事高見三郎、副委員長は静岡新聞編集局長重田光晴、それに県盲連会長小杉あさであった。その他各界五三人が選ばれ委員会を構成してことにあたった。

盲人会館の建設を主体になって推し進めたのは静岡県であったが、県盲連は資金をすべて県に依存するのではなく、自分達も資金調達に乗り出した。建設委員会から県盲連に依頼された額は一四六万円であったが、県教育委員会の理解と県立静岡盲学校の全面協力により、この資金調達が可能となった。県盲連副会長で静盲教諭であった松田亀太郎は、「愛の鉛筆」を販売してその利益を建設資金の一部にあてることを県盲連理事会で提案し、了承された。さっそく職員と生徒による広範囲の販売活動が展開され、一四六万円の販売実績をあげた。この売上金は建設委員会を通して県に提出されたが、うち一〇〇万円が建築費として充当され、四六万円は県盲連に返還された。四六万円のうち三〇万円は会の基本財産にあてられ、残りは盲人会館建設記念式典および祝賀会の経費として使用されることになった。

しかし、ふたを開けてみると、県盲連会員の理想や思いは、無残にもくじかれることになった。というのも、県は当初国の補助金を計算に入れていたが、盲人会館建設だけでは補助金交付の対象にならないことが判明したのだ。そこで身体障害者更生指導所との併設を遂行せざるを得なくなり、最終的に総工費五〇〇余万円をかけて静岡市春日町に建設された建物のうち、盲人会館として使用できたのは、会議室と図書室の二部屋のみであった。開館記念式典のおり、玄関には「静岡県身体障害者更生指導所」の看板が大きく掲げられ、「盲人会館」のそれは、小さくひっそりと掲げられていた。「憤った一部の会員は、手に持った白杖で窓硝子を割る等、憤懣やる方ない思いを端的に示して県当局に抗議」したという。

同年八月一日、ともかくも、日盲連全国大会の成功と盲人会館建設を成し遂げたあさは、県盲連会長を辞して、顧問となった。なお、あさは、一九五七年四月一日に再度県盲連会長に就いている。

静岡県盲人ホーム設立

あさは、かねてから「寄辺ない盲女子のための盲人ホームと盲老者のため盲老人ホームの必要性を痛感」していた(「久遠の光」)。盲人総合施設を目指したはずの盲人会館が図らずも小規模なものにとどまったこともあって、あさは、さらに盲人ホーム設立を考え、実現のために努力した。

一九五八年（昭和三三）になると、全国四か所に盲人ホームが設立され、以後、年四か所ずつ増設されることになった。

静岡県に盲人ホームが開設されたのは、一九五九年四月一日で場所は静岡市川辺町、所長は小杉あさ、管理人は杉山真平（静岡県盲人会顧問）であった。受付時間は、午前九時から午後一〇時までであった。

盲人ホームは、鍼・灸・マッサージの免許取得者に技術指導を行い、自立させることを目的とする職業指導の場であった。免許があっても実地経験が少なく技術が未熟な場合は、治療院を開業しても患者が来ない。そのことをよく知るあさは、免許取得者の再教育の必要性を常に感じていた。

しかし、盲人ホーム開設も容易ではなかった。職業の再教育をする盲人ホームでは、治療実習は必須で、実習とはいえ安価で鍼・灸・マッサージを行う盲人ホームの設置にあたっては、患者をとられる被害を心配した地元業者からの激しい反対運動がおこった。粘り強い調整の末、何とか予定通り開設することができた盲人ホームであったが、設置の翌年の入所者数は五人（定員八人）いたものの、その後伸び悩み、一九七二年には入所者なしという状態になり、改善がはかられた。

一九六九年に静岡市川辺町から盲人会館があった静岡市春日町に移転した同ホームだが、現在は、静岡市駿河区曲金の静岡医療福祉センター内にあり、静岡医療福祉センターライトハウスとなっている。ライトハウスでは、その設立当初の目的がそうであったように、マッサージ師、はり師、きゅう師の免許をもつ視覚障害者が自立するのに必要な能力の向上を図るための実技、経営、接客マナーなどの指導、相談が行われている。

県盲連婦人部の活動

戦後、あさは盲人福祉の充実に精魂を傾けたが、とりわけ心を砕いたのは、盲女性の問題であった。静岡県盲人会の初代婦人部長で、日盲連の第四代の婦人部長も務めた中村歌子は「婦人部の歩み」と題する一文（『県盲会記念誌』）を書いているが、それによりながらあさと県盲連婦人部の活動を見てみよう。

一九五〇年（昭和二五）に静岡県盲人連合会が設立されると、会長のあさは「婦人部も置くべし」と指示し、中村歌子が部長の任にあたることとなった。

婦人部が結成式をあげたのは、翌一九五一年九月、あさの自宅においてであった。当時はまだ、なかなか米が手に入らない時代であったが、あさはちらし寿司を作って参加者にふるまった。参加者がお礼に一〇〇〇円を渡そうとすると、「それは運営費にするように」と言って断ったという。

一九五二年一月、浜松市で西部婦人部会が開かれ、組織作りについて話し合われた。

一九五三年の日盲連静岡大会では、婦人部の分科会がもたれ、主として盲婦人の結婚問題について話し合われた。翌五四年の広島大会でも、婦人部分科会では結婚の問題が取り上げられた。一九五五年、日盲連婦人部の最初の研修会が滋賀県で開催され、盲婦人の結婚問題と、組織強化についての討議がなされ、その報告会が県盲人会館で開催された。一九五七年、東京ヘレン・ケラー会館で障害者福祉年金の五九年度からの実施、無免許業者の徹底的な取締りを目的に全国盲婦人代表者大会が開催され、静岡県からも中村歌子、上田チエ、添田泰子とともにあさが出席し、大会の後、厚生省、労働省、大蔵省、三大新聞、NHK等に陳情に回った。

一九六一年、日盲連婦人部研修大会が静岡県で開催された時、あさは既に八〇歳であったが、五五分にわたって講演し、参加者に大きな感銘を与えた。この大会では、危険が多い盲婦人の深夜作業を禁止すべきかどうかが主に話し合われた。

あさは、終戦時に六四歳、以後晩年まで盲人福祉の向上のために尽力した。県盲連設立にあたっては初代会長に就任し、日盲連の静岡大会の開催や盲人会館の建設にあたっては会長として活躍し、盲人ホーム開所に際しては所長を務めた。婦人部の活動でも要所要所で重要な役割を果たした。老齢期のあさは、自ら陣頭指揮をとり奔走することもあったが、実務面は若い人に委ねることも多かった。若い人たちは、小柄なあさの厳しくも優しい大きな人格に支えられて、活動や運動に邁進できたのである。

九　徳富蘇峰との交流

徳富蘇峰との出会い

あさは、戦後ほどなく徳富蘇峰に出会い、鍼・灸・マッサージのかかりつけとなった。これは蘇峰が一九五七年（昭和三二）に死去するまで一〇年近くにわたって続けられた。

徳富蘇峰は、明治・大正・昭和にわたり大きな影響力をもったジャーナリスト、思想家、歴史家である。蘇峰がはじめて熱海に来たのは一八九三年（明治二六）三月、それ以来大の熱海贔屓となり、一九二八年からは古屋旅館を常宿とするようになった。蘇峰と同じく熊本出身の清浦奎吾（大正期の総理大臣）も熱海を愛した人物で、熱海に住居（米寿庵）を有しており、一九四二年に亡くなった後は、古屋旅館主の内田金嶺が譲りうけていた。この屋敷を内田に懇願して買い受けたのが蘇峰だった。これが蘇峰終焉の居、晩晴草堂となった。あさが、蘇峰の治療のために通ったのは、この晩晴草堂である。

徳富蘇峰は、あさが治療を始める以前の一九四五年一二月、A級戦犯に指名され、翌一月進駐軍が逮捕のため晩晴草堂に来るが、老病のため自宅拘禁となった。あさが蘇峰の治療を始めたのは、翌四七年九月、戦犯容疑と自宅拘禁を解かれた翌年からのことである。

小杉家には、「清浦伯に呈す　昭和十六年十二月二十八日」という、あさから清浦圭吾あての書簡の下書き（あるいは写し）が残されている。この書簡に、あさが「伊豆山荘」を訪問した旨が書かれていることから、戦前あさは清浦の治療も行っていたと思われる。こうしたことから、徳富蘇峰とあさを繋いだのは、この清浦であったと考えてよいかもしれない。

清浦は、この書簡が書かれる少し前には東条英機を首班に推薦する会議に出席するほどの重臣であった。「最後の元老」として知られ、明治後期に総理大臣を務め、興津に別荘があった西園寺公望などもあさの治療を受けていたことから、静岡に住むマッサージ師小杉あさの名は、政府高官の中では、既に一定の知名度を得ていたのではないかと推測される。

つけ加えていうと、西園寺公望については、こんなエピソードがある。二・二六事件の時、興津で静養していた西園寺だったが、事件の報を聞くと即座に大雪の中駕籠で静岡県庁へ避難した。あさが、その西園寺を県庁に見舞い、治療したというものだ。あさがいかに政府高官たちから信頼されていたかを物語るような話である。

徳富蘇峰あて小杉あさ書簡

蘇峰とあさの信頼関係は厚かったが、いつ治療に行ったのか、あるいはその頻度などを示す詳しい史料は残されていない。ただ、神奈川県中郡二宮町にある徳富蘇峰記念館には、小杉家から出された、蘇峰あるいは秘書の塩崎彦市あての書簡が数点残されている。以下紹介したい。

残されている最も古い書簡は、一九四九年（昭和二四）一一月一二日付で、あさが点字で書いた蘇峰あて書簡である（読みがな付き）。次のようであった。

トクトミ　センセイ　ゴジン
　十一ガツ　十二ニチ　コスギ　アサ　ハイ
ハイケイ　タダイマ　トートイ　オン　ボクセキ
　シンシュ　アオイ　オーズ
マコトニ　アリガタク　ゴトー　サマヨリ　ハイジュ　ツカマツリ　マシテ　カギリナ
ク　カンシャ　カンゲキニ　ムセビ　イヨイヨ　ヨノタメ　キンキューニ　ドリョク
スベク　ハップン　イタシ　マシタ　マタ　マイド　カブン　キン　二セン　エンナリ
ノ　ゴインモツニ　アヅカリ　マシテ　ナンドモ　キョーシュクノ　ホカ　ゴザイマ

センホカニ　ヤマザキサマヨリ　キン　百円ナリ　モ　マサニ　チョーダイ　イタシマシタ　カサネ　ガサネ　タダタダ　オソレイル　バカリデ　ゴザイマス
サクヤハ　ゴ施灸ノ　トコロ　オデンワ　モーシアゲ　マコト　シツレイデ　ゴザイマシタ　フデスエ　ナガラ　センジツモ　アイカワラズ　ゴコーグーニ　アヅカリ　マコトニ　アリガタク　ゴコーレイ　モーシアゲマス　マズワ　トリアエズ　ミギ　ゴアイサツ　モーシアゲマス　カシコ

あさから何かの折に出した礼状だが、文面からはあさが、蘇峰にかなり厚遇されていたことがわかる。

次は、一九五一年二月一九日付で、小杉茂作があさの代筆で、蘇峰秘書の塩崎彦市にあてた書簡である。

謹啓

残寒なお去り難き折柄、皆々様益々御清栄の段御喜び申し上げます。

さて、この度は早速御丁重なる御見舞状を戴き、誠に有り難く、厚く御礼申し上げます。御蔭様にて、さしたる事もなく、現在は殆んど熱も下り、食事も普通に帰り、元気も回復して参りましたので、御安心下されたく乱筆をもって、右取り急ぎお礼申し上げます。

敬具

十九日

小杉あさ

代　茂作

塩崎彦市殿

これは、病気見舞いに対する礼状である。蘇峰が塩崎に指示して出すようにしたものだろう。ここでも、あさと蘇峰の信頼関係を確認できる。

ついで一九五三年では、徳富蘇峰と塩崎彦市それぞれにあてたあさの年賀状（茂作代筆）が、それぞれ一通ずつある。一九五四年一二月一二日の書簡は、塩崎彦市にあてた小杉茂作からの書簡である。

謹啓　歳末、向寒の折柄、徳富先生並に皆々様には、御機嫌如何で御座いましょうか、御伺ひ申し上げます。

陳者ハ、過日ハ、御多用中の処へ参上仕りたいへん失礼申し上げました。

去る七、八日、東京にて盲学校長会議が開催されました際、茨木盲学校長笹木氏に会いましたところ、かねて御願いの先生の御揮毫を戴く事が出来たとの由にて非常に喜んでおられました、小生よりも厚く御礼申し上げる次第で御座います。校訓としての「和敬」は、最初から笹木校長の念願で御座いましたので、重ねての事ハ、先生にはさぞ御迷惑と存じますが、機会を得て是非共御願い申し上げる次第で御座います。

なお、先日笹木校長が徳富先生の貴い御風貌に接して無上の感激に打たれたので、是非とも色紙程度のもので御揮毫をいただき、座右に掛けたいと切望いたしておりましたので、重ね重ねの事にて恐縮で御座いますが、御願い致したく、笹木氏も無上のよろこびといたす事と存じます。

右乱筆をもって御礼申し上げると共に重ねて御願い申し上げます。

徳富先生並に奥様にもよろしく御伝への程御願い申し上げます。

敬白
この書簡からは、小杉茂作があさを通して蘇峰と親交を持っていたことがわかる。この時期、茂作は静岡盲学校の校長を務めていたが、校長会の関係から蘇峰の揮毫の斡旋を依頼されることもあったのだろう。蘇峰もまた、あさとの親交から盲教育に関心と理解を示していたものと思われる。

また、蘇峰があさの治療を受けていた時期、静岡新聞社の社長であった大石光之助は蘇峰の弟子であり、大石もまたあさの患者であった。大石が蘇峰にあさを紹介したのか、あるいは逆だったのか定かでないが、いずれにせよ、師弟はともにあさの患者だったのである。

徳富蘇峰の臨終

あさは、一九五七年（昭和三二）一一月二日の蘇峰の臨終にも立ち会っている。『アサヒグラフ』一九六八年三月一日号で、あさは次のように語っている。

最後の日の朝でした。よばれてあがりますと、血尿が止まらないと医者がいうんですよ。そんなバカな……といっしょうけんめい治療してあげますと、血尿がとまったんです。すると先生が「アア気持ヨクナッタ。小林《（ママ）》先生、長イ間アリガトウ、アリガトウ」ト申サレテ……

先生ハワタシノ手ヲシッカトニギッテ……ソノ手ガヤガテ刻刻ト冷エテキマシタ。ソノツメタクナッタ指ヲ一本一本ハズシタノガ九時半ヲマワッテイマシタ。西田看護婦ニ送ラレテ、ワタシハ大声デ泣キナガラ坂ヲクダッテキマシタ。徳富先生ハ足ノ爪先カラ頭ノテッペンマデ、オエライ方デシタ。世界一デスネ。

あさは、蘇峰に心服し、時には孫の茂夫氏も同行させ、「真に大なる人物とはかくあらん」

と語ってきかせた。蘇峰もまた、治療中のさりげない会話の中に筋金入りの明治女の気概を感じ、あさの来訪を心待ちにしていたという（『六枚の肖像画』）。

現在、小杉家には蘇峰が書した「和気満堂」の扁額がある。一流のマッサージ師小杉あさによる治療は、治療する者とされる者が一体となって、崇高ともいえる和気が部屋中に満ちたのだろう。

徳富蘇峰とも親しかった歴史学者で、いわゆる「皇国史観」を唱えた平泉澄もまた、あさの患者であった。小杉家には平泉からの書簡も一点残されている。以下のようである。

拝啓

梅雨のうつたうしい事でありますが、先生にはいよいよ御清安何よりに存じます。私も御かげさまにて元気になり、食欲は珍しく進みますし、家内はよく眠れるやうになり大喜してゐます。御かげさまと感謝に堪えませぬ。

さて御いひつけの拙筆只今発送いたしました。うまれつきのまづい字で御はづかしいかぎりですが、いささか先生の御恩に報じたく、且つ美人薄命と申しますが、先生の御気の毒な御生涯に深く胸をうたれますと共に、肉眼こそ御見えにならないもの丶、心眼は神の如きを見て、驚歎してゐますので、

心眼霊妙

の四字をかかせていたゞきました。何とぞ御笑納下さい。その後、又家内をつれてうかがふつもりで、忙しく方々かけ廻つてのばし〳〵になりました。いづれ参上御診断を仰ぎたく存じますから、よろしく御願申上げます。

くれぐれも御大切に

昭和三二年六月九日

平泉澄

小杉あさ先生

揮毫を送ったことの知らせであるが、あさを先生と呼び、最大級の敬意を払っている。平泉もまた、あさに信頼を寄せ、尊敬の念を持って治療を受けた人物であった。

一〇　希望の丘

晩年の生活

『アサヒグラフ』一九六八年（昭和四三）三月一日号は、晩年のあさの生活を次のように伝えている。

毎朝六時に起き、神仏をおがみ、般若心経を誦す。七時十五分に朝食。鶏卵半熟一個とリンゴ一個のジュース。ご飯を軽く一杯、お菜はみそ汁など。八時から『治療』助手の鈴木静穂が五年間もそばを離れず手伝う。患者は日に四、五人くらい。長年のおとくいさんばかり。昨今は紹介状をもたない飛込みは、なるべく断ることにしている。昼食は正午から二時まで。トースト一枚と野菜。牛乳一本と鶏卵半熟一個。リンゴジュース一個分。夕食は茶碗一杯のご飯と家族と同じお菜。牛乳一本とジュース一杯。なかなか健啖家《けんたんか》だ。トランジスタ・ラジオでニュースをきき、夜八時から半跏趺坐《はんかふざ》で坐禅。般若心経を誦しおわると、枕元にリーダース・ダイジェスト（点字本）や修養書を持込んで眠くなって眠る。……

趣味は詩吟。蘇峰詩を自分でも口吟し「ラジオでやるのをいつもきく」そのほかは「仕事ほど好きなものはございません」

あさの家には、常に内弟子がいて、多いときには、七、八人があさから直接指導を受けていたが、晩年、福祉関係の仕事で外出することが多くなってからは、患者の数も固定し、内弟子も減らした。最後の弟子になったのは鈴木静穂氏である。鈴木氏は毎朝五時になると、あさの部屋にいき、約一時間、あさの体をもみながら、指の使い方、力の入れ方を一つ一つていねいに教えられた。どんな厳寒の日でも毎日欠かさず行われたという。

あさは、鈴木氏に技術だけでなく、人の道も教えた。ある日、仕事を終え、鈴木氏が自室にさがるとき、いつものように師に挨拶した。すると、「立ち膝はいけません」というあさの鋭い声がかえってきた。あさが声の高さで相手の姿勢を理解していたことを示すエピソードだ（『六枚の肖像画』）。あさは、常に自分にも厳しかったが、また厳しい師でもあった。

のみの串刺し

あさは、優れた鍼師であったが、晩年のあさには、その片鱗を示すエピソードがいくつかある。その一つが「のみの串刺し」だ。のみを串刺しにして、のみの鍼団子を作った。ある時、あさが呼んでいるので茂作がいってみると、のみを取り鍼に団子刺しにしたとのこと、さすがに茂作はびっくりしたようだ。全盲のあさが、小さなのみを捕まえ、それを何匹も団子刺しにしたというのは驚嘆のほかはない。

また、こんなエピソードも残っている。あさの米寿のお祝いの席で「私は鍼でどんな病気も治せるようになった。ほとんどのことができるようになったと思われる。ただ、病気ではないが一つだけできないことがある。それは、男を女にしたり、女を男にしたりすることである。今でも男を女にする、女を男にするような鍼を打てるようになりたいと思っている」と語った。鍼師としての自信を示すエピソードである。

永眠

あさが永眠したのは、一九六九年(昭和四四)一月一六日のことだ。享年八七歳、老衰であった。あさの葬儀について、静岡新聞は次のように伝えている(一九六九年一月二二日朝刊)。

県下盲人教育に生涯をささげ、多くの業績を残し、さる十六日八十七歳で永眠した県盲人福祉ホーム所長、故小杉あささんの葬儀が二十一日午後一時から静岡市沓谷の長源院でしめやかに行われた。

葬儀には個人の教えを受けた多くの盲人をまじえて、およそ三百人が参列。藤江喜重県身体障害者協会会長、三須淳静岡盲学校長らが故人の遺徳をしのび、その功績をたたえる弔辞を述べた。このあとおごそかな読経とともに会葬者の焼香があって式を終えた。戒名は、「朝雲瑞光大姉」、同日付で「従六位」が追贈された。

小杉あさ胸像

あさが死去してから一六年後の一九八五年（昭和六〇）四月二七日、静岡県立静岡盲学校希望の丘では、あさの胸像の除幕式が挙行された。

式では、敬礼、開式のことば、校長の話のあと、除幕があった。続いて来賓祝辞、感謝状贈呈、生徒代表お礼のことば、小杉茂作先生の話があった。そして触察、作文・詩朗読、校歌斉唱と続き、閉式のことば、敬礼で終了した。（触察とは、盲児が小杉あさの胸像に触れて確認することをいう。）

この胸像は、実はあさが死去する一〇年前の一九五九年につくられ、静岡県盲人連合会よりあさに贈られて、長らく小杉家に保管されていたものだ。あさの一七回忌を機に小杉家から静岡盲学校に寄贈されたものであるが、この間の事情を小杉茂作は、次のように記している。

この度、母あさの胸像が母の母校の校庭、希望の丘に建立されましたことは、真に光栄の至りでありまして、故人もさぞ喜んでいることと存じ、私からも厚く御礼申し上げます。

この胸像は、県盲人会と本校同窓会が主となり、母の業績顕彰記念事業として企画され、県下の方々、遠くは関東、関西の実に五百名近くの方々が賛同され、彫刻家大村政夫先生の制作により、三四年四月二九日、誠に胎児が順調に発育して生まれ出た赤子のように誕生致しました。その後贈呈式がありまして、自宅に戴き今日に至りました。母は常々学校に感謝し、盲人の幸せを念じ、それを生き甲斐として参りましたし、又多くの方々のご芳志によって生まれた胸像でもありますので、末永く安置される処は学校ではないかとひそかに考えておりました。今年、母の一七回忌を機縁に学校に迎えられることになりまして、宿願がかなえられた思いであります。

あさの胸像を制作した大村政夫は、彫刻家で日展会員、戦後の一九四九年から七五年まで県立静岡高校で美術を教えた。胸像はブロンズ製、高さ五八センチメートル、台座はアフリカ産黒御影石、高さ九〇センチメートルである。

あさの胸像は、現在も静岡県立静岡視覚特別支援学校「希望の丘」に凛として建っている。

エピローグ

支援の輪

小杉あさは、多くの人々に支えられた。まずは家族。父吉平は、無給で働くあさを物心両面で支えた。姪のきく雄はあさと起居を共にし、その夫茂作は盲教育の道に進み、あさの後継者となった。その他家族、親族らが皆であさを支えた。また、東海訓盲院の恩師松井豊吉、佐々木吉太郎らの薫陶は、あさの治療師、教師の素地を育てた。

掛川を中心に地域の有力者や慈善家で組織された東海慈善会は、東海訓盲院とあさを支えた。日露戦中、戦後の度重なる課税の中、東海訓盲院への寄付金が途絶え、東海訓盲院が経営危機に陥っていた時でも、草創期からのメンバーであった杉山東太郎、平尾平十は私財を投じて経営再建に協力した。

日露戦争後の不況下、東海慈善会がいよいよ東海訓盲院を支援することができなくなると、代わって東海訓盲院とあさを支えたのは、原崎源作ら静岡市の実業家たちであった。第1次世界大戦の大戦景気の中、力をつけてきた都市の実業家層は慈善事業、社会事業に乗り出し、盲聾教育の振興を手助けした。彼ら実業家層に、あさをつなぐ役目を果たしたのが、恩師である小西信八と静岡師範学校長の星菊太であった。星は病没するまであさへの支援を続けた。

　そして東海訓盲院が静岡に移転し、静岡盲唖学校となった際、その経営安定のためにどうしても必要だったのが財団法人化であった。そのために当時、一万円を寄付したのが熊沢一衛であり、その仲立ちをしたのが県知事赤池濃であった。中央政界に通じていた赤池は、東宮侍従長入江為守や朝鮮総督斎藤実にあさを紹介した。また、盲学校、聾学校の統合で県立化が成された時、あさの陳情を聞き、即座に県知事に連絡し一年で再分離を果たすなど、あさへの支援は終生変わらなかった。

　教師を引退し、盲人福祉向上のために活躍した戦後のあさを支えたのは、静岡県盲人連合会の若い仲間達であった。あさもまた、彼らを支え、一緒に目標達成に向け努力した。

　あさは治療を通して多くの人と知り合った。赤池もそうであるが、戦後では徳富蘇峰との関係が大きい。蘇峰もまたあさに心服し、盲教育への理解を示した。

　このように見てくると、あさの生涯や盲教育は、多くの人々に支えられてきたものだと思える。さまざまな困難もあさを中心に皆で協力したからこそ乗り越えることができたのであった。

愛盲の精神

人の一生は多面的である。社会的な活動が多かった人は、それだけ多くの顔を持っていたといえるだろう。

たとえば、あさが尊敬し、また信頼され、尊敬もされる関係にあった徳富蘇峰は、最初民権思想を主張していたが、やがてナショナリズムを強く打ち出すようになり、戦後はA級戦犯として逮捕されることもあった。蘇峰は、その生涯の中で思想や行動の「顔」をいろいろ変化させたともいえるだろう。ともあれ、歴史的文脈の中で評価された思想家としての顔ではなく、蘇峰はマッサージを通して、そのマッサージ師の技量と人柄にほれ込み、率直に信頼できる「顔」も持っていた。このように人は、さまざまな顔をもつ。そのため、その人を一言で表現することはなかなか難しいものだ。

しかし、あさの場合は、どうだろう。あさは期せずして、病気になり、満一九歳の誕生日に失明した。その「地獄」から立ち直り、東海訓盲院に入学し、母校の教師となり、経営難で何度も閉鎖の危機を迎えながら、昼夜を問わず無給で懸命に働いた。その真摯な態度、品格そして優れた技量が多くの支援者を生み、助けた。あさの生涯は、盲（聾）児、盲人のために、その教育や福祉の充実をめざし、つき進むものであった。

あさが、盲（聾）児や盲人の教育や福祉ために、その生涯を傾注しえたのはなぜか。その核心にあったものは何だったのだろうか。

それは、盲人に対する、そして広く人間に対する、深い思いと愛情ではなかったか。あさの生涯を一言で言い表すとすれば、それは「愛盲」といってよい。

そして今

明治期、何もないところから始まった盲教育は、あさとあさを支えた多くの人々の営々とした努力の結果、進展し、今の視覚特別支援教育がある。

あさと盲教育の歴史を振り返る時、結局「教育は人」という思いを強くする。教室もない「低い生活」の東海訓盲院で、生徒も教師も「高い理想」を目指したことを思うと、教育とは何だろうと考えさせられる。必ずしも十分とは言えなくとも、当時よりはるかに充実した視覚特別支援教育の場にいる筆者のような教員たちにとって、あさのような先人から継承し、発展させるべきものは指導技術や理論、より良い施設、設備とともに、強い「思い」ではないかと思う。「理想」はどこまで行っても終わらない、果てなき挑戦である。

補論　静岡県盲教育史の断面

ここでは、小杉あさとは直接的な関わりはないが、あさを一層理解する手掛かりとなり、かつ静岡県の盲教育史にとって重要な内容と考えられる三テーマについて記述する。

1 東海訓盲院の設立

松井豊吉

松井豊吉（一八六九年〈明治二〉～一九四六年〈昭和二一〉）は、一八六九年城東郡横須賀村（現掛川市）に生まれ、一八八六年静岡県立掛川中学校（現静岡県立掛川西高等学校）を卒業した。小杉吉平の碑に題字を書した岡田良平の父岡田良一郎が校長を務めた掛川中学校は地域の名門校で、その卒業生は地域にあっては名望家、地域の指導者となっていった。東海訓盲院の設立にあたって、松井は地域の有力者となっていた掛川中学校の同窓生を頼っている。在学中にキリスト教に入信した松井は、一時養子となったが離籍、中学卒業後は、母とともに志太郡藤枝宿（現藤枝市）に転居し、新聞販売業江河勝太郎家に身を寄せた。松井は、懸命に働き、新聞の輸送と販売に従事した。

ところが、この激務が災いしたのか、松井の左目の視力が衰え始めた。三年間眼科医に通院したが治らない。そのうち右目も曇り始めた。さらに、脚気まで患ってしまい、起居するにも人の助けが必要となった。長屋での母親との暮らしは暗黒で、顔を布団に埋めては泣いていたが、ある夜、けたたましく鳴り響くラッパの音で目を覚ました。それはまさに天啓のごとき音で、松井は、病も貧しさも神が与えた試練だと悟った。

一八九六年（明治二九）七月頃、松井は上京して、東京赤坂病院で無料で治療してもらえる施療患者となり、「ホイトニー博士」の診療を受けた。松井は、東京盲啞学校への入学を希望したが、年齢が高かったためか果たせず、校長小西信八のはからいで、同校の聴講生となった。ここでは、奥村三策、品田勇太郎から鍼治、按摩、マッサージの指導を受けた。

小西や奥村など優れた教師に学んだ松井は、昼夜兼行で勉強した。按摩は実地にあたらねばという教師の指示に従い、寒い夜に東京盲啞学校の校舎があった小石川の江戸川端で按摩の流しを始めた。中途失明で勘が悪く、たびたびつまずいて倒れ、生爪を剝いだり、溝に転倒したりしたという。

その一方、松井は医科大学眼科の「試験台」にもなって、目の治療を続けていた。これが功を奏して、幸いにも右眼の視力を回復することができた。失明をした時のつらさと一眼を快復した喜びの中で、松井は「蕭然《しょうぜん》としてインスピレーションに感じ」自身の人生を盲唖教育のために献身しようと心に誓った。その思いを胸に、松井は、郷里静岡へと向かったのである。

東海訓盲院設立趣意書

静岡に帰って来た松井は、一八九七年（明治三〇）五月一八日、掛川中学校の同窓で獣医の飯塚仙太郎のもとを訪れ、盲人教育についての賛同を求めた。飯塚はこれに同意し、直ちに訓盲院設立の趣意書が同日付けで起草された。六月五日には印刷物一三〇〇枚ができあがり、飯塚は、これを六月八日から一一日の間に静岡民友新聞、静岡新報、東海曙新聞に掲載させた。合わせて内務大臣、知事、官公署、学校などに郵送し、また、掛川町内に一〇七通、付近町村へ六七通発送した。飯塚は、掛川町の町会議員など幾多の公職をつとめる有力者であり、新聞販売業も営んでいた。飯塚のこうした力を背景に、趣意書は広範に速やかに頒布された。

設立趣意書は、漢文調の難解な文章から始まるが、次のような大要である。

暑く乾燥して土もひび割れるような夏の日、人の門口に立ち琵琶を弾きならし、命の絶えるのを何とかしのぎ、月も凍りつくような冬の夜、笛を吹きならし、大路にたたずみ、吹かれるままに命をまかせ、暗闇に一生を憂いもだえ、うごめいて魂を土に葬る。たとえ時節の景色の美しさを望まないとしても、惨めな風と悲しい雨に袖が乾くこともない。たとえ日月山川の美しさを知らなくても、光明への熱い思いをどうして消し去ることができようか。ここに思いが至ると、意気は深く沈み、終には自制もきかず、不平と失望でいっぱいになり、厭世的となり、死を生じる。はりにかかり、川底に沈む。愚かなこと笑止であるが、情において実に哀れむべきものがある。

趣意書はこのように盲人の悲惨な状況を記したあと、「嗚呼彼モ亦タ人ノ子也、教養宜ロシキヲ得ハ、夫レ用処ナカランヤ」とし、適切な教育を受けることができれば、有用となるとする。趣意書は、また「即今日本盲人ノ状態」について、七つの憂いを挙げ説明する。第一は盲人が昔の優遇を夢みて現法律では普通の人と平等に扱われることを忘れていること第二は盲人は無知だとし自分を軽んじ品性の高貴を顧みないこと、第三は保護と依頼をよいことだとし自分を殺していること、第四は文化の進歩に対し頑として旧習を守ろうとすること、第五は晴眼者が鍼や按摩の仕事に入ってきていること、第六は見識のない父兄がその教育は不必要だとしていること、そして第七は特に貧困が英才を犠牲にしていること、である。

この七つの憂いの指摘には、盲人を晴眼者と平等に見、依頼や保護ではない自立が重要であるという認識が示されている。盲人を保護される者ではなく、本来力を持っており、教育により自立した人間になりうるという発想は、近代的な人間観、教育観につらなるものである。趣意書は、続けて教育を受けた古今東西の著名人を紹介し、盲人を「廃人」とするのは誤りで教育により国家に必要な人材になりうるとし、「盲者教育ノ必要」を訴えている。

慈善会の設立

設立趣意書が新聞に掲載された、ほぼ一週間後の六月一五日、小笠郡下内田村（現静岡県菊川市）紅林源五郎の三女しかが松井を訪ね、早くも最初の生徒となった。七月二日から点字の指導が始まった。八月一日東海訓盲院予備科が開始され、九月一六日に鈴木四郎、一九日に藤井孫太郎が入学し、生徒は男子二人、女子一人となった。

この間松井、飯塚を中心に支援者の募集が積極的に行われた。賛同者を得るのはなかなか困難であったが、彼らの努力により杉山東太郎（後に衆議院議員）や岡田良一郎（遠江国報徳社社長）、河野小笠郡長など近隣の有力者の賛同を徐々に得ていった。

飯塚らは、一〇月「東海訓盲院賛成会員第壱回報告」を作成し関係者に送付した。これには、「特別名誉会員」「名誉会員」「慈善会員」の三種の会員合わせて二二二人が列挙され、同時点での賛同者の状況がわかる。特別名誉会員とは一〇円、名誉会員とは五円、慈善会員とは五〇銭をそれぞれ寄付した者である。会員は、訓盲院が置かれた掛川町を中心に小笠郡が圧倒的に多く、その周辺に支持者が点在していた。短期間に多くの支援者を得た理由としては松井、飯塚らの努力はいうまでもないが、それを受け入れる土壌もあったのだろう。この時期は、一般的に慈善事業の揺籃期といわれ、さまざまな慈善事業が、キリスト教徒や仏教徒あるいは地域名望家などによってすすめられていた。地域の有力者にとって「世のため人のため」に尽すことは共通の倫理観としてあったのかもしれない。

一二月一〇日東海訓盲院慈善会が組織され、会員中より創立委員二〇人が選挙された。岡田良一郎、丸尾鎌三郎、河野槍次郎、松浦五兵衛、米山久弥、杉山東太郎、平尾平十、小田信樹、鈴木康平など、ほとんどが、一〇月現在の特別名誉会員、名誉会員から選ばれている地域の有力者であった。創立委員選挙の同月一五日、役員の互選により委員長に河野槍次郎、事務委員に杉山東太郎、飯塚仙太郎、会計監督に平尾平十、院長に小田信樹が選任された。

東海訓盲院の発足

後援団体慈善会の活動に支えられて、翌一八九八年（明治三一）早々、小笠郡西南郷村南西郷（現静岡県掛川市）に教室兼寄宿舎兼団体事務所が置かれた。一月一三日陸軍軍医総監足立寛がここを訪ね、世間にたいへんなセンセーションを与えたという。一月一五日慈善会第一回委員会が開催され、規模拡張および規則改正などを論じた。その結果、同月二四日創立者総代飯塚仙太郎は、静岡県知事千家尊福に東海訓盲院設立願書を提出した。

二月五日寄宿舎を離れて、掛川町内の紺屋町広楽寺の一部に教室が置かれた。生徒たちは南西郷の寄宿舎から広楽寺の教室まで歩いて通うことになった。南西郷の寄宿舎の位置はよくわからないが、南西郷は現在の掛川市の掛川郵便局のほぼ北側にあたる。教室のあった広楽寺は現在の中央二丁目にあるので、寄宿舎から教室までは歩いて一五～二〇分くらいの距離であったろうか。

広楽寺に教室が置かれた同日、東京盲唖学校卒業生の佐々木吉太郎が鍼按科教師として赴任し、石川きく、菅沼よしの二人が新たに入学した。同月二〇七日東海訓盲院が学校として本格的に発足した。

二月一八日「点字器械一式及点字書冊壱本」を静岡県庁に納付した。これより先、昨冬以来「横浜訓盲院教師、静岡新聞雑誌社々員、各地医師、教育家、宗教家、有志者、盲人等来館者甚夕多」かったという。

三月二日設立が認可され、同月一二日参会者「知事代理林県属、近藤郡長代理林郡書記、大庭町長、警察署長代理服部警部、各町村長、村会議員、医師、各学校職員、生徒有志者、新聞記者等三百余名」を集めて開院式が、掛川町の農学社において挙行された。また、同日普通科教師として江塚咲太郎が赴任した。

開院式から数日して、男女二人が入学したため、普通科は甲乙丙の三組に分けられ、江塚が担任し、技芸科は佐々木が担当しわかりやすい教科書を自作し、口述した。

四月二七日掛川町海望亭で、慈善会主催の演説会が開かれ、聴衆一五〇人を集めた。この後も松井豊吉を中心に県会や教育会、青年会等への働きかけがなされ、演説会も頻繁に開催された。演説会以外にも松井らはさまざまな働きかけを行い、こうした努力の結果、一八九九年一二月二日に静岡県通常県会において一六人の議員提案による東海訓盲院補助建議案が成立し、次いで同月一六日、小野田知事の提出案となり、東海訓盲院への補助金三〇〇円が賛成多数により可決された。さらに翌一九〇〇年二月二六日小笠郡会においても、補助金一〇〇円の交付案が成立した。

第一回修業証書授与式

東海訓盲院開院からおよそ一年後の一八九九年（明治三二）四月八日、第一回修業証書授与式が挙行された。修業生は普通科二年生一人、一年生六人、技芸科一年生八人であった。これを機に、渋沢栄一の要請により北海道拓殖事業に従事するため院長小田信樹は退職し、この後は三到堂病院長の鈴木康平が院長に就任した。

一一月五日「元取引所建物」を購入して新校舎に充てることになり、一二三日に移転式が行われた。この「元取引所建物」がどこにあったのかもよくわからないが、新校舎について生徒の石川きくは、「新校舎は余り広くも無く理想とは掛け放れた物ではあるが、寺院（広楽寺）から学校らしい処に始めて移つたので生徒は喜び踊るのであつた」と述懐している（『盲啞の黎明』）。

ところが、喜びもつかの間、翌一九〇〇年一月四日、掛川町に大火が起きる。郵便局や警察署、銀行など主な建物を焼尽させた大火で、東海訓盲院の建物は類焼は免れたものの警察署に提供されることとなった。

四月二一日、普通科教師江塚咲太郎が辞職し、後藤又十が新任として着任した。小杉あさが東海訓盲院に入学したのは、この二カ月後のことである。

級友

小杉あさと同じく、草創期の東海訓盲院に学んだ級友たちについて少し見ておこう。一九〇〇年（明治三三）発行の『東海訓盲院』は、生徒二〇人についての調査記録を載せている。

これによれば、まず生徒の病名は、多い順に「胎毒」五人、「脾瘡」三人、「急性眼球炎」二人、「近親」二人、「生来」一人、「脳膜炎」一人、「風眼」一人、「ヤケド」一人、「痘瘡」一人、「麻疹」一人、「不明」二人であった。あさがどこに該当するのかはっきりしないが、最初はしか（麻疹）を患っているので、「麻疹」一人があさかもしれない。

疾患年齢は、「生来」が三人、一歳未満が三人、「三歳」から「六歳」までが八人、「一二歳」「二〇歳」「二六歳」がそれぞれ一人ずつであった。生徒の多くは乳幼児期に発病していることがわかる。あさは、このうちの「二〇歳」一人にあたる。

生徒の視力の程度は、「全盲」一〇人、「明暗がわかる」四人、「昼夜がわかる」一人、「太陽灯火の所在がわかる」二人、「弱視」三人であった。

生徒の父兄の職業は、「農家」一二人、「商家」四人、「漁家」一人、「工者」一人、「胡師」一人、「日雇」一人であった。あさの父吉平は「膳製造業」をしていたので、あさは「工者」一人にあたるだろう。また、父兄の「生計の程度」は、「普通」一二人、「困難」八人であった。あさの父吉平は、既述のように「普通」というよりは裕福であったと思われるが、その分類はない。

生徒の入学時の年齢については、以上の調査とは別の箇所で、入学生一九人のうち二〇歳以上八人、二〇歳未満一一人としている。満六歳で入学する尋常小学校に比べ、はるかに高年齢の生徒であり、あさも含めて成人の入学者が多かった。

生徒の出身地は、「小笠郡内ノモノ九人、県内他郡ノ者七人、他県ノモノ二人」とされている。近隣の者が多かった。あさは「他郡ノ者」に入った。

入学時の生活

『東海訓盲院』は一九人の入学者の、入学時の生活実態について次のように分類している。

年長者（凡一二十歳以上）

旧式按摩者ニツキテ既ニ成業セシモノ　三人
同弟子ヲ半途ニ辞シ来リシモノ　四人
中途失明者　一人
年少者（凡二十歳未満）
旧式按摩者ノ弟子ヲ中止シテ家居セシモノ　三人
同弟子ヲ半途ニ辞シテ来リタルモノ　三人
年齢師ニ就クニ達セサリシモノ　五人

ここから、多くの生徒が按摩業を営むか、入学前は「旧式按摩者」の弟子となっていたことがわかる。これら以外は、年少者の五人とあさと思しき「中途失明者」一人だけである。

年少者を除けば、あさの級友は、いずれも按摩業に関わりをもっていた。たとえば、村松幸太郎は「着実なる按摩師たる前途あり、目下富豪家に出入し、優に独立して余りあり」であった。また、鈴木四郎は「早く父母に別かれ、夜間実地の療治によりて収入を得、以て勉学し又衣食」していた。村松や鈴木は実際に按摩業を営んでおり、それを中断するか、あるいは兼行して入学してきた。旧式按摩の世界にいた級友たちも、あさと同じく、近代的盲教育への期待と希望、強い決意をもって東海訓盲院の門をたたいたのである。

盲児の就学状況

『東海訓盲院』には、東海慈善会により一八九七年（明治三〇）に調査された静岡県下の盲人数が記載されている。これによると、盲人数合計は一二五四人であるが、無回答の町村もあったので実際にはこれ以上であった。このうち東海訓盲院の入学許可年齢である八歳から二五歳は、男子一四八人、女子一一五人、計二六三人であった。

一八九八年度の東海訓盲院の生徒数は男子一〇人、女子四人、計一四人であったが、（年度も一年違い東海訓盲院が静岡県域を学区と定めていたわけではないので、あまり意味をなさないが）仮に就学率を出してみると、男子六・八パーセント、女子三・五パーセント、全体で五・三パーセントとなる。現掛川市域にあった桜木南尋常高等小学校の同年度の就学率は、男子四三パーセント、女子三四パーセント、全体で三八パーセントとなっており、単純に比較はできないが、それにしても盲児の就学率が極めて低かったことがわかる。ちなみに桜木南尋常高等小学校はその後は順調に就学率を伸ばし、一九〇八年度には一〇〇パーセントに達している（『掛川市史　下巻』）。

こうした盲児の不就学の状況は、静岡県に限らず一般的であったが、これは法的に就学猶予が認められていたことにも原因がある。一八八六年制定の第一次小学校令は就学義務を明記すると同時に「疾病家計困窮其他止ムヲ得サル事故ニ由リ児童ヲ就学セシムルコト能ハスト認定スルモノニハ府知事県令其期限ヲ定メテ就学猶予ヲ許スコトヲ得」(第五条)と就学猶予についても定めていた。また、一九〇〇年の第三次小学校令でも「学齢児童瘋癲《ふうてん》白痴又ハ不具廃疾ノ為就学スルコト能ハスト認メタルトキハ市町村長ハ監督官庁ノ認可ヲ受ケ学齢児童保護者ノ義務ヲ免除スルコトヲ得」(第三十三条)とさらにはっきりと「免除」まで規定している。そもそも明治政府が国民皆学をめざしたのは「富国強兵」策の一環としてであり、教育権の付与ではなかったから、国家にとって「有用」ではない障害児の教育は政府にとっては国策の埒外にあった。そのため就学は猶予されたのである。

東京盲唖学校長小西信八は、東海訓盲院が発刊した「東海訓盲院季報」第一号掲載の、盲人に対する教育の必要性を論じた論説の中で、盲児の就学者が極めて少ないことに触れている。その理由として、小西は就学の不便をあげ、「校院に接近する者に非れは、途中遭難の虞あり、出入送迎の煩あり、遠国の者は更に往復及寄宿の費用少なからず、左れバ極めて富有の者に非るよりは就学せしむる容易ならさるを知るべし」と述べている。盲唖学校は全国に僅かしかなく、大多数の盲聾児にとってそれは遠隔の地にあり、寄宿しなければ就学できなかった。また、近隣にあったとしても通学には危険をともなった。寄宿するには少なからず費用がかかり、そうした意味で「富有の者」でなければ就学できないということは納得できることである。しかし、それでは入学者は皆富裕であったかというと、必ずしもそうではなく、先に述べたように東海訓盲院の父兄の生計の状況は「普通」か「困難」であり富裕の者はいなかった。また、これも既述のように東海訓盲院規則では授業料のところで「但貧困ニシテ本文ノ授業料ヲ納ムルコト能ハサル者ハ、詮議ノ上之ヲ減額シ、又ハ全ク免除スルコトアルヘシ」とあり、授業料未納入が就学を妨げるということは原則的になかった。東海訓盲院の生徒の多くは近在の出身者であり、その意味で恵まれた条件下にあり、一般的には貧困が不就学の大きな原因とはいえようが、それのみに帰することもできない。

松井豊吉も不就学が多いことについて、原因のひとつとして貧困をいちおう認めた上で、以下の三点を主な原因として挙げている。

第一に、当今の学齢盲児の大半が「旧式按摩者」の弟子になっていること。先述のように東海訓盲院の入学生一九人中一三人は「旧式按摩者」の弟子ないしは元弟子であったが、松井は「旧式按摩者」は十数年の年季証文をとって弟子が身動きできないようにし、「数百年来遺伝」の旧式の施術を教え、その弟子を駆使して収入を専有していると考えていた。松井はまた、「現ニ数人ノ盲生ハ陳腐ナル此教育ヲ脱シ来リシニ、執拗ニモ此師匠ナルモノハ無理非道ナル要求ヲナシ、其反古ノ如キ証文ヲ楯トシテ不当ナル損害賠償ヲ強請シ、又ハ裁判所ニ提起スルモノサヘアリ」といった例まで挙げ、徒弟制度を批判している。

第二の要因として松井は、「世人ハ盲人教育ノ事タル如何ナル教授法ヲ以テスルヤヲ知ルモノ少シ」と世間の無理解を挙げている。普通学校と違い盲人教育は「標本」がないのだから無理からぬことだとしながらも、盲人には到底教えることができないとする者さえいることを嘆いている。

そして第三に、松井は、これは先述の東京盲唖学校長小西信八の指摘と同様であるが、父兄が遠隔の地にある学校に送るのを心配していることを挙げる。

2　石川倉次と日本点字

維新後の盲教育と東京盲唖学校

盲人の生業である按摩・鍼・灸で生計を立てるためには、明治維新以前からそうであったように、親方のもとに徒弟として弟子入りし、技術を習得し独立するというのが一般的であった。学制が発布され、小学校が各地に設立されるようになると、盲・聾唖学校も僅かながら設立されるようになった。全国で最初に設立されたのは、一八七八年（明治一一）五月古河太四郎らにより開設された京都盲唖院である（翌年府立）。京都盲唖院は最初は普通教育に対応する普通学を指導したが、八〇年からは普通学と同時に按摩や邦楽などの指導も始めた。

一方、東京では、一八七五年に古川正雄、津田仙、岸田吟香、ボルシャルトにより盲人学校を設立するための楽善会が発足し、翌年山尾庸三や前島密らが加わった。七六年楽善会訓盲院の設立が認可され、東京府より三〇〇〇円下賜、八〇年より授業が開始された。八四年聾唖者も受け入れ訓盲唖院と改称した。八六年には楽善会から文部省に移管され官立となり、八八年に東京盲唖学校と改称した。一九〇九年盲唖は分離した。

東京盲唖学校の当時の校長は、小西信八である。小西信八（安政元年〈一八五四〉〜昭和一三〈一九三八〉）は、越後（新潟県）出身、一八七五年東京師範学校（日本初の師範学校、後の東京高等師範学校）に入学、卒業後は千葉県の中学校や女子師範学校に勤務した。その後、東京女子師範学校を経て、官立となった楽善会訓盲唖院の専務となり、やがて東京盲唖学校長心得となり、校長となった。一九〇九年の盲聾分離では東京盲学校と東京聾唖学校が成立したが、東京盲学校は町田則文にまかせ、自らは東京聾唖学校長となった。一九二五年（大正一四）東京聾啞学校を退官した。官立である東京盲啞学校は、その後全国各地に設立された盲聾啞学校のモデルスクールとしての役割を担った。その卒業生の多くは各地の盲聾啞学校の教師、指導者として活躍した。一九〇三年には教員練習科が設置され、教員養成が本格化する。こうした役割を担った東京盲啞学校で長きにわたり校長を務めた小西は、草創期の盲聾教育の中心にいた。小西の薫陶を受けた教え子たちは、全国各地で活躍する。松井豊吉しかり、そして小杉あさしかりであった。

松井豊吉が鍼治、按摩、マッサージの指導を受けた奥村三策（元治元年〈一八六四〉～明治四五年〈一九一二〉）は加賀（石川県）の生まれである。三歳で失明し八歳から加賀藩医について鍼灸、按摩学を学んだ。西洋医学を学ぶ必要を感じ、金沢医学専門学校の教師や学生について解剖や生理、病理などを学び、鍼灸、按摩術の研究をした。さらに研さんを積むため、一八八六年上京して訓盲啞院に入学した。しかし、技術、学力識見に優れていたため、すぐに助手、嘱託となり、鍼按担当の初代教諭となった。点字で書かれた『奥村鍼治学』は一九三三年（昭和八）墨字（点字に対し普通に書かれたり、印刷されたりした文字）で訳され、晴眼者にとっても便利な教科書として利用された。

点字と石川倉次

点字は一八二五年、フランスのルイ・ブライユによって考案されたものである。ブライユは、パリから西南へ四〇キロ程離れたクープレ村に、馬具職人の子として生まれた。三歳の時事故で失明し、一〇歳でパリの盲学校へ入学する。当時の盲学校は、浮き出し文字による授業を行っていたが、読み書きが困難で、生徒は大変な苦労をしていた。

そのような時、フランスの砲兵大尉シャルル・バルビエが、盲学校を訪れる。彼は一八〇八年、軍隊用の夜間文字として発明した一二点による暗号（ソノグラフィー）を「盲人の文字として使えないか」と紹介したのである。ブライユは、それを基に六点による点字を考案した。バルビエの点字は、一二点であったため、指先に入りづらく読みにくいという欠点があったが、ブライユのそれは、規則的であり、読みやすく書きやすいものであった。そのため、生徒達には大いに喜ばれたが、学校や社会からはなかなか認められず、フランスの公認文字となったのは、ブライユの死後、二年が経過した一八五四年のことであった。点字のことを英語でブレイルと言うが、これはブライユの名前に因るものである。

石川倉次は、一八五九年（安政六）、浜松藩士の子息として浜松城内の組屋敷において誕生した。一八六九年（明治二）、国替えのため藩主井上氏に伴って、上総国鶴舞（千葉県）

へ移転する。やがて、教師を志した倉次は、千葉師範学校を卒業し、千葉県内の小学校に奉職していた。

当時、「仮名文字研究会」という会があり、漢字の使い方の問題や仮名遣いの問題、話し言葉と書き言葉をなるべく近づけるためにはどうしたらよいかなどの問題が研究されていた。くしくもこの会に後の東京盲唖学校長小西信八や石川倉次も参加していたのである。ここで、倉次は小西と運命的な出会いをし、生涯を通じてのつきあいが始まった。当研究会は、仮名文字だけで日本語を表した場合、どうなるのか。その際、文をどこでどのように切ったら正しく意味を伝えることができるのかなどを研究していたため、後に点字の翻案や表記法の考案について大いに役立ったことは想像に難くない。

一八八六年（明治一九）、倉次は茂原小学校の校長をしていたが、小西から楽善会訓盲唖院への転勤要請を受ける。倉次は茂原小学校へ転勤して間もない時期であったため固く辞退するが、再三の要請に応え、ついに上京することになるのである。倉次二七歳、三月のことである。この招聘にあたり、小西が「三顧の礼」の故事を引用し、強く上京を促したことは、有名な逸話である。

一八八七年（明治二〇）、上野の教育博物館から借りたアーミテージの「盲人の教育と職業」を読んで、ブライユ点字の優秀さを知った小西は、ブライユ点字を日本点字へ翻案研究することを倉次へ依頼するのである。倉次は、その依頼を受けて翻案のための研究に取り掛かったが、その道は険しいものであった。

最初倉次は、八点による翻案を試みたようである。その理由は、六点点字だと、その組み合わせは六六通りとなるが、同じ形のものを除くと僅かに四四通りしかない。そのため、これに四八の仮名を当てることは無理だと考えたからである。しかし、八点点字では、読みづらいということから再度六点による翻案を考えた。この時、倉次は「盲人の心の目を開けたい」という熱い思いから六点すべてを打った文字を「め」としたのである。倉次は後年この時のことを回想して「寝食は心の外に置き、鶏鳴を聞くこともしばしば也」と述懐している。倉次の盲人に対する思いや教師としての構えが伝わってくる一文である。

点字は、「あ」、「い」、「う」、「え」、「お」の母音を基本に、か行、さ行、た行……に、それぞれの点を付け加えることによって構成されている。や行は、「あ」「う」「お」の点をそれぞれ下の段におろし、それに四の点を付け加えて「や」「ゆ」「よ」とした。また、わ行については、「あ」と「お」の点をそれぞれ下の段におろし「わ」と「を」にした。

このようにして翻案された点字は、規則的で大変覚えやすく、読み書きが容易であった。

そのため、一八九〇年（明治二三）、日本訓盲点字が翻案された翌年、一八九一年には、早くも京都市盲唖院が倉次の点字を採用している。このことは、その後の我が国における視覚障害教育にとって大きな幸福であった。なぜなら、アメリカなどでは「点字戦争」と呼ばれる点字の不統一による混乱が長く続いたからである。それに対し、我が国の場合は、そのような混乱もなく、全国的に統一された点字によって教育がなされたことは、視覚障害児・者の教育にとって計り知れない恩恵をもたらしたことは想像に難くないであろう。

したがって、小杉あさが学んでいた当時、明治三〇年代前半は、ほぼ全国的に統一された点字が普及し始めた時期と見てよいであろう。東海訓盲院が、この点字を使って授業を行っていたことは、既述のとおりである。

なお、石川倉次生誕の地、浜松市の市立中央図書館には倉次の石碑が建てられている。また、同地の視覚特別支援学校である静岡県立浜松視覚特別支援学校には、倉次の手による「六星照道」という扁額が保管されている。これには、六星（点字）が視覚障害者の道を照らすという倉次の深い思いが込められている。

（伊藤友治）

3 ヘレン・ケラーの来静

ヘレン・ケラーの来日

ヘレン・ケラーは、次のように三回来日している。

一回目　一九三七年（昭和一二）　四月一五日〜八月一〇日

二回目　一九四八年（昭和二三）　八月二九日〜一〇月二八日

三回目　一九五五年（昭和三〇）　五月二七日〜六月七日

一回目は戦前であり、あとの二回は戦後である。第一回目の来日は、あさが退職して約一年後のことである。これはヘレン・ケラーの朋友、岩橋武夫の要請によるものであった。岩橋は、中途失明者で戦前ライトハウスを設立したり、戦後は日本盲人会連合会長を歴任するなど、戦前・戦後をとおして盲人を中心に日本の身体障害者の社会福祉の推進に尽した。この岩橋の要請にこたえて来日したヘレン・ケラーは準国賓級の大歓迎を受けた。この年の前年二月には二・二六事件があり、ヘレン滞在中の七月には中国北京郊外で盧溝橋事件が勃発した。日本は、ファシズム化と戦時体制化を一層強めていた時期であり、人権家ヘレンの来日は、政府にとっては危険であるとともに国際世論をかわす格好の広告であったのだろう。ヘレンは、四月に大阪や埼玉を訪ねた後、五月に入ると各地を旅行した。

ヘレン・ケラー来静の新聞記事

ヘレン・ケラーの来静を『静岡民友新聞』は次のように報じている（一九三七年五月五日）。

全県民待望の的となってゐた国賓待遇の聖女ヘレン・ケラー博士は、四日四時十五分静岡駅…列車で来岡し、秘書役トムソン女史に介添はれて生神そのまゝの姿をホームに現はし、出迎へた尾崎市長、刀禰学務部長と握手を交はし、「友と成る会」の理事長飯野十造氏の娘みれさんの贈るバラの花束を胸にだきしめ、頬にすりあて少女の心づくしを感謝しながら（中略）あびせかけられる拍手を耳に聞くが如く、振りかざされる日米国旗を見るが如く、喜の情をはっきり表現、劇的情景をみせ、身動きならぬ混雑の中を自動車で（中略）きめられてゐる市内西草深英和女学校長イサベル・ガウンワク氏宅へ向った。ヘレン・ケラー博士の講演会は、午後七時から市公会堂において開催されたが、斯うした講演を（中略）興津方面から押しかけ超満員で入場出来ずかへったものが幾百人もあった。日米国歌合唱の後、高部市学務課長開会の辞、（中略）綺麗な花束を贈り、轟雷の如き拍手を迎へられてケラー博士登壇し、ケラー博士の指先あるひは口吻からほとばしる熱弁は電波の如く、トムソン女史の口につたはり、通訳岩橋武夫氏の口から日本語で聴衆の耳に達し、ケラー博士の少女時代の苦労から説き起され、富士の山は女王の姿の如くみえるとか、日本は花の国のようで（中略）…など、聴衆をうならせ三十分にして講演を終わり、尾崎市長から記念品として雛人形一式を贈呈したが、指先でみえるが如くなでまはし、よろこびかつ感謝する有様は、聴衆を心から泣かせ、同九時盛会裡に散会したが、なほケラー博士は同夜ガウンラク氏邸に一泊し、五日午前十時から再び市公会堂の講演会に臨み、午後一時四十分静岡駅発列車で名古屋に向ふ筈である。

ここからは、熱烈な歓迎ぶりがよくわかる。また、ヘレン・ケラーの講演では、ヘレンの口の動きや指先の動きをトンプソンが読み取り、英語で話し、それを岩橋武夫が通訳していたこともわかる。

五月六日付の『静岡民友新聞』は、次のように、さらに大きく紙面を割いている。

奇跡の聖女ヘレン・ケラー女史は昨四日夜静岡市公会堂における講演会に出席、一場の講演を行ひ、一切の歓迎を断り、直ちに英和高女校長宅に赴き、新緑にかこまれた同邸に一夜をあかしが、五日は午前六時起床、主婦の友社から贈られた「白天皇国」のバラの鉢植えが部屋一杯にかほるのによろこばれて、異郷に厚きもてなしを感謝しながら、一切の訪客を退けて、静かに朝餐をすまされ、トムソン嬢が愛好の「日本緑茶」をケラー女史にもすすめられて、お茶の国に来られた意義のある朝を楽しまれ、身の回りの支度等不自由の身に自らせられ、午前十時英和女学校における歓迎会に臨まれ、花輪を贈られてニコニコと温顔を生徒の上に垂れて、一場の挨拶をなし、静岡市公会堂における講演会に臨まれ、県下女学校生徒、婦人会その他満場の女性に向って三重苦の生涯を語り、宗教団体主催の午餐会にのぞみ、午後一時四十分発列車にて名古屋に向った。

会場は男子禁制女子ばかりの超満員で、刀禰学務部長開会の挨拶を述べ、刀禰学務部長の令嬢美智子さんから花束を贈呈すれば、「花を下さったお嬢さんが花で、花が花を下さった」と感激にあふれ、われんばかりの拍手に迎へられて壇上に立ち、劈頭富士山の影で茶の香りする静岡に住む女性の幸福をた、へ「愛と教育の勝利」といふ題目で講演といふより、女性のす、むべき哲学的教訓を教示し、絶大の感銘を与え、講演を終り、聾唖校生徒総代石川徳子さん歓迎の辞を述ぶれば、ケラー博士は前に進みより徳子さんの頬に自分の頬をすりつけよろこびの極に達し、劇的場面を見せ、松永聾唖学校長閉会の辞を述べ、同十一時半閉会したが、ケラー女史一行は尾崎市長、刀禰学務部長等の案内で市内小鹿の茶園および清水市増萩原いちご園を視察した。この朝ヘレン・ケラー博士は、朝のお祈りをすますと、刀禰学務部長、尾崎市長等の案内で、市内東草深聾啞学校および市内二番町盲学校を歴訪、両校で記念撮影をなし、聾啞学校職員からケラー博士恩師故人サリバン先生に対し「花輪」を手向けてもらひたいと心をこめた金一封を贈呈すれば、泣かんばかりによろこんだといふ。

ヘレンの恩師サリバンは、この前年一九三六年一〇月二〇日に死去している。

『愛盲—小杉あさと静岡県の盲教育』によせて

最初から私事にわたって恐縮であるが、私は一九七六年（昭和五一）から一九八三年（昭和五八）まで、七年間にわたって静岡盲学校（現在の静岡視覚特別支援学校）に勤務した。二六歳から三三歳にかけての多感な時期であり、多くの忘れがたい思い出がある。中でも、新校舎の建設、八十周年記念行事、希望の丘設立等は、記憶に鮮明である。八十周年記念式典の折の「小杉あさ」に関する話や希望の丘への胸像建立に関する話など、その後も妙に頭に残っていた。

それから十数年後、足立先生と職場を共にする幸運を得た。その際、先生から「小杉あさ素描」と題する論文をいただき通読した。その中で「小杉あさ」が竜池村の人であることを知った時の驚きは今でも忘れない。何となれば、私の祖父は竜池村の出身で、その又祖父は小杉家から伊藤家へ養子に入った人であるからである。これをきっかけとして、「小杉あさ」関係の書籍や資料に何点か当たってみた。すると、何ということであろうか、私の曾祖母の実家などが出てくるではないか。「小杉あさ」を益々近しく感じたことは言うまでもない。足立先生に連れられて、関係する場所や多くの方々を訪れた。その過程で、小さい頃祖母から聞いた話と重なる部分に触れるに付け、遠い遠い祖先に導かれているような錯覚に陥ったことは、私の勝手な思い過ごしであろうか。このような機会を与えて下さった足立先生に感謝しつつ、そんなことを思ったりもした。

私は教職生活の大部分を視覚障害教育に費やしてきた。その中から、「小杉あさ」が視覚障害児（者）の教育や福祉に果たした役割は計り知れないものがあると思っている。しかし、その一方で「日本のヘレンケラー」とか「郷土の偉人」とか言われているにも拘わらず、意外と知られていないという事実をも知った。この間、時代は「特殊教育」から「特別支援教育」へと大きく変わった。「盲学校」という場における教育から「特別なニーズに応じた」教育へと変わったのである。いかなる場所においてもニーズに応じた教育が受けられるという素晴らしい社会になりつつある現代、このような社会を目指して先人が、如何に努力をし、どのような苦労の下に現在に至ったのかを知ることは、ひとりこの教育に携わる者のみに留まらず、多くの方々にとって意義あるものと思われる。

この著は、「小杉あさ」の人物像を中心に、その足跡を述べたものであるが、単にそれのみに留まらず社会史的観点から、視覚障害児（者）の教育や福祉の歴史についても述べたものである。この著を紐解くことによって、視覚障害児（者）に対する理解が更に深まり、今後の社会の在り方やそれぞれの生き方について参考になれば、幸いである。

伊藤友治

あとがき

「小杉あさについて調べてみないか」と職場の上司であった伊藤友治先生に声を掛けられたのが、小杉あさについて調べるきっかけとなった。小杉あさの名前は知ってはいたが、どういう人かよく知らなかった私は、早速調べてみた。調べてみると、小杉あさが、静岡県盲教育史のキイパーソンであること、研究としては美尾浩子氏の『六枚の肖像画』くらいしかないこと、あさ自身が書いたものがほとんどなく資料が少ないことなどがわかった。そこで年誌類など、集められる資料を集めて、「小杉あさ素描」という小文にまとめた。一〇年くらい前のことである。その後、気になってはいたが、手をつけられないでいた。

伊藤先生とともに調査を再開したのは、二年ほど前からである。資料が少ないため、聞き取りやフィールドワークを多く行った。徳富蘇峰記念館にも足を延ばした。そうした中で、今まで断片的な事実であったものが少しずつつながり、徐々に小杉あさの像が見えるようになった。小著は、現在までに私たちが明らかにできたものをまとめたものである。

また、小著をまとめるにあたって留意したことは、あさの生涯を描くとともに静岡県の盲教育の流れや時代状況についても触れていくことであった。どんな人でもどんなことでも、その時代状況に制約を受けているので、それとの関連を描く必要があると考えたからである。「補論」は、小杉あさとの直接的な関連は薄いが、静岡県盲教育史にとって重要と思われるテーマについて述べた。あさを理解する上で、参考にしていただければと思う。

小著をまとめるにあたっては、あさが多くの支援者に支えられたように、多くの方々のお世話になった。伊藤友治先生には一緒に調査をしていただき、原稿の読み合わせを何度もしていただいた。小杉茂夫氏や前静岡視覚特別支援学校長粕谷泰以氏からは多くの貴重な資料を御提供いただいた。小杉新七、小杉初太郎、鈴木静穂、芝川勘二郎、八木斌月、菅沼良策、杉浦逸雄などの諸氏からは興味深いお話を伺った。また、フィールドワークで高木敬雄氏、坪井俊三氏に、さらに徳富蘇峰記念館、静岡新聞社内蘇峰会等関係機関の皆様にも大変お世話になった。さらに、掲載した写真はパトリック・ホークマン氏に撮っていただいた。加えて静岡新聞社出版部の石垣詩野氏にはきめ細かく丁寧な編集作業をしていただいた。そのほかにも多くの方々のお陰で小著はできた。記して、深甚なる謝意を表したい。

盲教育史についての一般書は多くない。小著が多くの方の手に触れ、視覚障害者とその歴史についての理解の輪が少しでも広がることを願ってやまない。

二〇一四年七月吉日　　　　足立洋一郎

小杉あさ年譜

年・月・日	年齢	できごと
一八八一（明14）四・二九		豊田郡高薗村に小杉吉平・やすの子として誕生
一八九二（明25）三・一九	一〇	竜池尋常小学校卒業
		笠井村の裁縫学校に通う
		笠井村の内藤医師のもとで助産婦の勉学
一九〇〇（明33）四・二九	一九	完全に失明
六・二〇		東海訓盲院に入学
一九〇三（明36）三・三〇	二二	東海訓盲院卒業
四・一〇		東海訓盲院助教授となる
一九〇七（明40）六	二六	東京盲唖学校教員練習科に入学
一九〇八（明41）三・二九		同校卒業

六・一二	二七	東海訓盲院訓導となる
一九一六（大5）四・一五	三四	静岡師範学校長星菊太を訪問、東海訓盲院の窮状を訴える
一九一七（大6）一・一五	三五	東海訓盲院とともに、静岡市に移転
一九一八（大7）	三七	静岡県の鍼術灸術按摩術試験委員となる（一九三五年まで）
一九一九（大8）五	三八	入江東宮侍従長より贈歌を受ける
一九二一（大10）八	四〇	ソウルにて朝鮮総督斎藤実の治療を行う
一九二七（昭2）四・一	四五	静岡女子師範学校専攻科教授を嘱託せらる
一九二九（昭4）四・一	四七	静岡市立静岡病院附属看護婦養成所マッサージ教員を嘱託せらる
一九三一（昭6）	五〇	茂作、きく雄を養子とする
一九三三（昭8）三・三一	五一	静岡県立静岡盲唖学校教授に嘱託せらる
一〇・三一	五二	静岡県立静岡盲唖学校教諭となる

一九三五（昭10）八・一五	五四	高等官八等に遇せらる
一九三六（昭11）一・三一	五四	県立静岡盲学校教諭退職
一九四〇（昭15）一一	五九	県立静岡盲学校に奉安殿を寄付
一九四八（昭23）	六七	徳富蘇峰の鍼・灸・マッサージの治療を行う（蘇峰死去まで続く）
一九四九（昭24）	六八	静岡県中部盲人協会会長に就任
一九五〇（昭25）五・二九	六九	静岡県盲人連合会会長に就任
一九五四（昭29）四・二七	七二	厚生大臣より表彰さる
一九五七（昭32）一一・二	七六	静岡県教育委員会より表彰さる
一九五九（昭34）四・一	七七	静岡県盲人ホーム所長に就任
一九六五（昭40）一一・三	八四	勲五等瑞宝章を贈られる
一九六九（昭44）一一・六	八七	老衰により永眠 従六位に叙される

参考文献

小杉茂夫氏所蔵資料
徳富蘇峰記念館所蔵資料
静岡民友新聞
浜名郡竜池尋常高等小学校「浜名郡竜池村誌」
松井豊吉『東海訓盲院』、一九〇〇年
「第九回教育家実業家懇話会記事」、一九一六年一二月五日発行
静岡県社会事業協会『会報』第三号、一九二二年一月
松井豊吉編『盲唖の黎明』、一九三八年
『静岡県立静岡盲学校六十年誌』、一九五八年
『アサヒグラフ』一九六八年三月一日号
『静岡県立静岡盲学校八十年誌』、一九七八年
静岡県盲人会『県盲会三十周年記念誌』、一九八〇年
静岡県立浜名高等学校史学部『伎倍　第八号　岩水寺の総合研究』、一九八〇年
静岡市身体障害者団体連合会『足跡』、一九八一年

『掛川市史　下巻』、一九九二年
『浜北市史　資料編　近現代』、一九九九年
『静岡県の地名』平凡社、二〇〇〇年

※

蘇峰会『想い出の蘇峰先生』蘇峰会、一九六九年
加藤康昭『盲教育史研究序説』東峰書房、一九七二年
美尾浩子『六枚の肖像画―近代を拓いた静岡の女たち―』静岡新聞社、一九八二年
足立洋一郎「東海訓盲院の設立と初期盲教育をめぐる状況」（『静岡県近代史研究』第二二号）、一九九六年
足立洋一郎「松井豊吉」（静岡県近代史研究会編『近代静岡の先駆者　時代を拓き夢に生きた一九人の群像』静岡新聞社、一九九九年）
足立洋一郎「小杉あさ素描」（『静岡県近代史研究』第三〇号）、二〇〇五年
永嶋まつ子『石川倉次物語　日本点字の創始者』二〇〇九年
山崎邦夫『年賦で読むヘレン・ケラー　ひとりのアメリカ女性の生涯』明石書店、二〇一一年

足立　洋一郎（あだち・よういちろう）
1957年、静岡県生まれ。静岡大学人文学部卒業、明治大学大学院博士前期課程史学専攻修了。「近代日本社会形成期における報徳運動の研究」で博士（史学）。現在、静岡県立浜松視覚特別支援学校教諭。
著書：共著『日本農書全集　63　農村振興』（農山漁村文化協会1995年）、共著『近代静岡の先駆者　時代を拓き夢に生きた一九人の群像』（静岡新聞社、1999年）ほか

愛盲　―小杉あさと静岡県の盲教育

静新新書　046

2014年7月31日初版発行

著　者／足立　洋一郎
発行者／大石　剛
発行所／静岡新聞社
〒422-8033　静岡市駿河区登呂3-1-1
電話　054-284-1666

印刷・製本　図書印刷

・定価はカバーに表示してあります
・落丁本、乱丁本はお取替えいたします

ISBN978-4-7838-0369-0 C1237

静新新書

好評既刊

静岡連隊物語 ―柳田芙美緒が書き残した戦争―	032	952円
静岡県の戦争遺跡を歩く	033 品切	952円
小川国夫を読む	034	952円
短歌と写真で読む静岡の戦争	035	1048円
静岡の地震と気象のうんちく	036	857円
駿遠豆の木喰仏 ―木喰上人の足跡を訪ねて―	037	952円
静岡学問所	038	933円
皇室と静岡	039	1048円
実録 龍馬討殺 京都見廻組今井信郎士魂録	040	1143円
しずおか歌枕紀行	041	900円
しずおか発　教育物語	042	1000円
共助社会の戦士たち	043	952円
静岡県と「満州開拓団」	044	1200円
物語 駿遠の諸藩	045	1200円

(表示の価格に消費税は含まれておりません)